Ullstein Sachbuch

ÜBER DAS BUCH:

Männer mit fünfzig sind in den besten Jahren, Frauen hingegen werden dann oft zum alten Eisen gerechnet.
Dieses Buch macht Mut, gegen immer noch herrschende Vorurteile und Klischees, gegen den falschen Jugendlichkeitswahn in unserer Gesellschaft anzugehen.
Die Frau ab fünfzig: Sie ist wirtschaftlich gut situiert und befreit von der Beanspruchung durch heranwachsende Kinder. Ihre Erfahrung ermöglicht es ihr, sich nun auf wesentliche Lebensziele und -aufgaben zu konzentrieren. Dieses Buch gibt viele Sachinformationen und Hilfestellungen für Frauen, die ihr Leben neu gestalten wollen.

DIE AUTORIN:

Gertrud Zelinsky, Mutter von drei Kindern und in zweiter Ehe verheiratet, arbeitete als Zahnarzthelferin.
Weitere Veröffentlichung:
Und trotzdem liebe ich dich... (1991)

Gertrud Zelinsky

Kein Grund zur Panik

Vom Leben und Lieben
der reifen Frau

Ullstein Sachbuch

Ullstein Sachbuch
Ullstein Buch Nr. 34788
im Verlag Ullstein GmbH,
Frankfurt/M – Berlin

Ungekürzte Ausgabe

Umschlagentwurf:
Elżbieta Woźniewska
Unter Verwendung eines
Fotos von Barbara Maurer

Printed in Germany 1991
Druck und Verarbeitung:
Clausen & Bosse, Leck
ISBN 3 548 34788 6

September 1991

Die Deutsche Bibliothek –
CIP-Einheitsaufnahme

Zelinsky, Gertrud:
Kein Grund zur Panik:
vom Leben und Lieben der reifen Frau/
Gertrud Zelinsky. – Ungekürzte Ausg. –
Frankfurt/M; Berlin:
Ullstein, 1991
(Ullstein-Buch; Nr. 34788:
Ullstein-Sachbuch)
ISBN 3-548-34788-6
NE: GT

Inhalt

Dieses Buch widme ich meiner Mutter,
die uns als Kinder schon lehrte,
Gefühle zu haben und sie auch zu zeigen.
Sie gab uns den wichtigen Rat,
uns nicht immer und um jeden Preis anzupassen.
Sie ist uns Beispiel für:
Sei immer du selbst.

Vorwort

Was bewegt das Herz einer Frau, wenn sie das erste Mal bemerkt, daß sie altert? Welche Gedanken kommen ihr, wenn sie Zwiesprache hält mit dem Spiegel? Was empfindet sie, wenn sie feststellen muß, daß ihre Anziehungskraft auf das andere Geschlecht nachzulassen beginnt? Fällt die Bilanz ihres bisherigen Lebens positiv aus, wenn mit dem Fortbleiben der Regel und dem Auftreten von Ausfallserscheinungen von der Jugend endgültig Abschied zu nehmen ist? Welche Ängste befallen sie, wenn das letzte Drittel des Lebens beginnt und in der Ferne das Ende des Weges sichtbar wird? Was ist überhaupt für eine Frau wichtig? Was macht ihre Welt, ihr Selbstverständnis aus? Worauf kann sie verzichten und worauf nicht? Was ändert sich im Laufe der Wechseljahre in ihrem Verhalten zur Familie, zum Mann, zu den Kindern? Denn dies ist die Zeit des Verlustes. Die Eltern sterben, die Kinder verlassen das Haus, der Mann hat seine eigenen Sorgen. Fast alles, was die Natur der Frau in der Pubertät gegeben hat, wird ihr im Klimakterium genommen.

Die Verfasserin läßt die Leser teilnehmen an ihren Erlebnissen, ihren Gefühlen, ihren Sorgen, ihrem Weg durch die kritischen Jahre. Sie zeigt die Möglichkeiten auf, wie der Verlust in Gewinn umzusetzen sei, was frauliche Reife, was menschliches Reifen bedeuten kann, wieviel bleibt, was entwickelt und was hinzugewonnen werden kann.

Nicht nur ein neuer Lebensabschnitt beginnt, ein neues Leben ist möglich. Vieles kann helfen, am meisten Verständnis von Seiten der Mitmenschen, der Glaube an die eigene Kraft, Vertrauen auf eigene Ideen, eine eigenständige Phantasie und ein schöpferisches Gestaltungsvermögen. Aber wie soll man sich zusammennehmen oder gar kämpfen, wie sich geistig weiterentwickeln, wenn man depressiv ist, schlaflos, sich nervös, reizbar, leistungsunfähig fühlt, wenn Mangelerscheinungen und Krankheiten auftreten, die dem Östrogenmangel im Laufe der Jahre folgen?

In dieser Lebenslage sucht man nach Rat, man möchte wissen, wie andere dieser bedrohlichen Herausforderung begegnet sind und wie sie sie gemeistert haben. Hilfe kann da nur bringen, wer mit wachem Bewußtsein eigene Erfahrung gewonnen hat, diese gewinnbringend bewältigte und sie vor allem mit einfühlsamer menschlicher Wärme weiterzugeben vermag. Gertrud Zelinsky hat es verstanden, obwohl es gewiß nicht leicht ist, den eigenen Erlebnissen und Erkenntnissen eine Form zu geben, die einer vertrauensvollen Zwiesprache zwischen reifen Menschen gleichkommt.

Dieses Buch hat mir aber auch deshalb gefallen, weil es ehrlich ist, nie langweilig oder trocken wirkt, Leserinnen und Leser sicherlich manches darin finden werden, was sie vorher nicht wußten oder worüber sie sich noch keine Gedanken gemacht haben. Und ich kann es meinen Patientinnen empfehlen, weil es einerseits zur Selbsthilfe anleitet, andererseits die Arbeit des Arztes erleichtert.

Ich wünsche dem Buch und der Verfasserin zahlreiche Leser, weibliche, damit sie besser durch die Wechseljahre kommen, und auch männliche, damit sie ihre Frauen besser verstehen, ihnen Partner sein und beistehen können.

Ulm, im Januar 1989

Professor Dr. med. C. Lauritzen
Direktor der Universitäts-Frauenklinik Ulm,
Präsident der Menopause-Gesellschaft
deutschsprachiger Länder

Ich bin keine Dreißig mehr

Die kosmetische Industrie suggeriert uns täglich – nicht nur mit schmeichelnden Worten, sondern auch mit eindrucksvollen und faszinierenden Fotos und sich beschwingt und lässig bewegenden Models –, wie attraktiv und beweglich wir noch sind. Auch mit fünfzig.
Doch wie sieht meine Wirklichkeit aus? Mein Spiegelbild? Habe ich noch Freude daran, mich nackt vor dem Spiegel zu bewegen? Mag ich meinen Körper noch?
Ich weiß es besser. Trotz täglicher Gymnastik und Pflege hat er nicht mehr die Spannkraft wie mit zwanzig, dreißig oder auch noch mit vierzig. Und wenn ich ganz mutig bin und mit den neuerdings unvermeidlichen Gläsern auf der Nase mein Spiegelbild betrachte, dann sehe ich nur allzu deutlich nicht »Fältchen« sondern Falten, nicht »reife«, sondern schlaffe Haut. Der mir entgegenlächelnde Mund läßt zwar eine gepflegte Zahnreihe sehen, aber so mancher Backenzahn ist schon »gekrönt«. Und wenn ich den Mund wieder schließe, glotzt mich eine tiefeingegrabene Mimik an.
Der Blick in den Spiegel erinnert mich an eine Empfindung, die nun gut zwanzig Jahre zurückliegen mag: Es geschah, während ich mit meinen Kindern auf einer Nordseeinsel Ferien machte. Nach einem herrlichen Tag, der mit Wattwandern, Muschelnsuchen und Strandburgenbauen ausgefüllt war, lagen die Kinder mit vom salzigen Wind und der strahlenden Sonne glühend heißen Gesichtchen völlig erschöpft und friedlich schlummernd in ihren Betten. Die Krabbenbrote hatten geschmeckt – Seeluft macht hungrig.
Träumten sie von Windjammern und Piratenschiffen? Von Captain Cook und Sindbad dem Seefahrer?

Glücklich und entspannt schloß ich leise die Tür. Ich hatte noch etwas vor an jenem Abend: Meine »Korbnachbarn« hatten mich in die »Teestube« eingeladen, und jetzt stand ich vor dem Spiegel, um meinem Gesicht den letzten, alles entscheidenden Anstrich zu geben.

Ich war gerade damit beschäftigt, meinen Augen noch mehr Glanz zu verleihen, als ich stutzte, mit der Bemalung innehielt und vergebens versuchte, eine Wimper wegzuwischen. Es war keine Wimper! Das erste Fältchen hatte sich frech auf der dünnen Haut unter den Augen angesiedelt. Ein trauriger Augenblick im Leben einer gesichtsbewußten Frau? »Von jetzt an geht's bergab«, sagte ich mir damals und bildete mir ein, alt und häßlich zu sein.

Wie töricht ich doch war! Denn ein solcher Gedanke in einem solchen Zusammenhang käme mir heute überhaupt nicht mehr in den Sinn, obwohl sich dieses Fältchen von einst zu einer stattlichen Falte gemausert und in der Zwischenzeit einige Nachkommen produziert hat.

Ich könnte jetzt natürlich versuchen, durch unerschütterliche Wahrung einer unbeweglichen, starren Mimik jegliche neue Faltenbildung zu unterbinden. Eine grauenvolle Vorstellung allerdings, denn es fällt mir überhaupt nicht ein, wegen irgendwelcher Falten auch nur ein einziges Mal nicht zu lachen, wenn es etwas zu lachen gibt.

So muß ich eben weiter cremen und Teint klopfen, teure Masken und Öle auf das Gesicht bringen und darf auf keinen Fall meinen Termin bei der Kosmetikerin versäumen.

Aber die so verwöhnte Haut kommt mir vor wie das berühmte Faß ohne Boden. Sie scheint ein wahrer Nimmersatt zu sein, denn sie verschlingt ohne für mich sichtbaren Erfolg so manchen Geldschein und auch viel Zeit. Trotzdem, ich genieße die Mußestunde der Entspannung im vertrauten Schönheitssalon und gehe danach beschwingt von dannen.

Jetzt bin ich also während meines gedanklichen Ausflugs

auf die Nordseeinsel bei der Kosmetikerin gelandet. Das kommt davon, wenn man sich allzu lange vor dem Spiegel aufhält.
Wieso tue ich mir das eigentlich an? Und überhaupt, die Anschaffung einer Nahbrille war doch völlig überflüssig. Weitsichtigkeit ist doch geradezu eine »Gnade« in meinem Alter.
Alle Spiegel im Haus gehören zugehängt! Mit dieser Feststellung reiße ich mir die Brille von der Nase und beschließe in den Garten zu gehen und das Rosenbeet zu harken. Das wird mich aufmuntern!
Von wegen! Denn just in dem Augenblick, als ich das Gartengerät in Bewegung setzte und ausholen will, krallt sich ein aufdringlicher Schmerz in meinen Rücken, und ich muß für Sekunden, die mir wie eine Ewigkeit vorkommen, in gebeugter Haltung stehenbleiben. Rühren kann ich mich erst wieder, als der beleidigte Muskel sich entspannt.
Der Ausflug in den Garten, der mich von meinem fünfzigjährigen Gesicht und meinem Körper, der ein halbes Jahrhundert alt ist, ablenken sollte, erwies sich als Eigentor: Mein Körper ist nicht nur nicht mehr jugendfrisch und elastisch, darüber hinaus sind auch die Sehnen verspannt, die Gelenke knacken und sind ausgeleiert, und das Rückgrat mitsamt seinen Bandscheiben ist manchmal so steif wie der Spazierstock meines Großvaters. Er benutzte ihn mit Vorliebe, wenn er in seinem Sessel ein Nickerchen machen wollte, um die Fliegen fernzuhalten.
»Wenn man fünfzig ist, morgens aufwacht, und es tut einem nichts weh, dann ist man tot.« Dieser lustig-makabere Spruch kommt mir jetzt in den Sinn, und ich freue mich, daß ich so sehr lebendig bin – ein lebendiges, leicht antiquiertes Mädchen.
Morgen wird es besser gehen. Ich bringe die Harke zurück an ihren Platz und mache anschließend einen kleinen Erholungsspaziergang durch meinen geliebten Garten. Eigent-

lich ist es eher ein Spazierenstehen, denn ich betrachte jede Blüte, freue mich an jedem Vogel, der in den Sträuchern zwitschert und kann es kaum erwarten, bis endlich der Möhrensamen aufgeht. Leider ist auf dem Beet noch kein bißchen Grün zu sehen. Aber wenn es heute nacht regnet und mild bleibt, wird es sicher bald soweit sein.
Jetzt höre ich das Telefon klingeln und werde dadurch ins Haus gerufen. Meine älteste Schwester Gisela ist am Apparat und will sich nach meinem Befinden erkundigen. Sie hat eine beschwerliche Zeit hinter sich, bedingt durch verrückte Wechseljahrsymptome. Und da sie weiß, daß ich jetzt auch »in die Jahre« gekommen bin, sorgt sie sich.
Spontan erzähle ich ihr, was ich heute im Garten erlebte und muß auch noch loswerden, daß ich im Augenblick miserable Nächte habe. »Ich konnte doch immer schlafen wie ein satter Säugling, und jetzt bin ich völlig irritiert, weil ich häufig nachts aufwache und jeder Daunenflaum meines Federbettes wie ein Zentnersack auf meinem schweißnassen Körper liegt. Ich wälze mich hin und her und her und hin, und in meinem Kopf dreht sich ein schlafraubendes Karussell. Weißt du, man ist so naiv! Als ob man genau dann, in *der* Minute und ausgerechnet in *der* Nacht auch nur ein einziges Problem lösen könnte.«
»Oh, das kenne ich nur zu gut!« höre ich am anderen Ende verständnisvoll.
Und ich erzähle weiter: »Einfallsreich, wie ich bin, schicke ich dann meine Gedanken auf eine angenehme Reise, in der Hoffnung, den Schlaf an einem weißen Strand oder auf einer sonnendurchfluteten Blumenwiese zu finden. Aber er ist nirgendwo, und er entzieht sich mir, als wäre ich sein Feind.«
»Sich im Bett herumwälzen, hat überhaupt keinen Sinn. Du mußt aufstehen und irgend etwas machen, was dich ablenkt und beruhigt. Du solltest stricken oder lesen – nur nicht ins Grübeln kommen!«
Meine Schwester weiß Bescheid.

»Die Strickerei – ich habe es ab und zu versucht – habe ich aufgegeben. Das Klappern der Nadeln macht mich eher noch nervöser. Das ist ganz sicher kein Schlaflied für mich. Neulich erst habe ich das Strickzeug in die nächste Ecke geworfen und den Wollknäuel gleich hinterher. Also das ist nichts für deine ›Kleine‹. Lesen, danach steht mir schon eher der Sinn. Zur Zeit arbeite ich mich durch das Riesenwerk von Simone de Beauvoir ›Das andere Geschlecht‹. An sich bin ich ganz einig mit ihr, aber das Kapitel ›Klimakterium‹, das mich verständlicherweise sehr interessiert, kann ich überhaupt nicht nachvollziehen. So negativ wie sie sehe ich das alles nicht! So darf man es auch nicht sehen. Aber neulich habe ich bei einem Klassiker etwas gefunden, was mich sehr bewegte. Hast du noch ein bißchen Zeit, dann lese ich es dir vor. Es ist nicht lang.«
»Natürlich, gerne, vielleicht kenne ich es sogar.«
»Also hör' zu:
›So gib mir auch die Zeiten wieder,
da ich noch selbst im Werden war,
da sich ein Quell gedrängter Lieder
ununterbrochen neu gebar,
Da Nebel mir die Welt verhüllten,
Die Knospe Wunder noch versprach,
Da ich die tausend Blumen brach,
Die alle Täler reichlich füllten.‹
›Ich hatte nichts und doch genug!
Den Drang nach Wahrheit und die Lust am Trug.
Gib ungebändigt jene Triebe,
Das tiefe, schmerzvolle Glück,
Des Hasses Kraft, die Macht der Liebe,
Gib meine Jugend mir zurück‹.«
»Goethe. Faust I. Vorspiel.« Ergänzte meine Schwester.
Ich bewundere sie wieder einmal, wie so oft während unseres geschwisterlichen Lebens, und wir teilen uns lebhaft unsere Begeisterung mit, über die herrliche Sprache und die

begnadete Kunst, Gefühle mit Worten so ausdrücken zu können. Goethe müßte man sein.

»Und wie nimmt dein Mann die ganze Sache?« wechselt meine Schwester das Thema.

»Uwe ist durch mich auch wechseljahrgeschädigt. Du weißt doch, daß ich seit Jahren mit ihm aufstand, ihm das Frühstück machte und dann munter plaudernd bei ihm saß, bis er wegmußte. Aber wenn ich eine durchgeisterte Nacht hinter mir habe – Uwe hört mich ja leider meistens – dann meint er immer, ich soll doch noch liegenbleiben. Ich tröste mich dann damit, daß er jetzt wenigstens in Ruhe seine Morgenzeitung lesen kann und nicht die schon in aller Frühe heraussprudelnden Ideen und Gedanken seines Eheweibes, wenn schon nicht lustlos aufnehmen, so doch artig und geistreich kommentieren muß. Und diese Gewißheit läßt mich genüßlich in die Kissen zurücksinken.«

»Sehr anständig von Uwe. Er war schon immer sehr rücksichtsvoll. Hoffentlich bleibt das so.«

»Was willst du damit sagen?«

»Nichts Bestimmtes. Es soll ja rühmliche Ausnahmen geben.«

»Welche Ausnahmen und wovon?« bohre ich weiter.

»Naja. Ich will dich jetzt nicht beunruhigen.«

»Hast du aber schon getan!«

»Ich wollte dich nur ein wenig darauf vorbereiten, daß du nicht, wie ich, aus allen Wolken fällst, wenn dir dein Angetrauter sachte zu verstehen gibt, daß er sich durch deine Schwierigkeiten genervt fühlt.«

»Das würde er nie machen.«

»Dein Wort in Gottes Ohr und in das deines Mannes. Sei jedenfalls auf der Hut, damit du gleich Paroli bieten kannst, sollte es doch mal vorkommen.«

»Ich bin auf der Hut, darauf kannst du dich verlassen. Du kennst mich doch schon seit jetzt mehr als fünfzig Jahren.«

Das Mammutgespräch wird beendet. Wir sagen uns noch

alle guten Wünsche, tragen Grüße auf an die Familie, und ich verspreche ihr einen Rückruf. Ich bin ihr sehr dankbar für ihr Interesse, ihre Offenheit und die Zeit, die sie mir schenkte.
Heute habe ich mir einige Damen zum Tee eingeladen – Damen, die allesamt keine Dreißig und auch keine Vierzig mehr sind. Und während wir so in froher Runde beisammensitzen, genüßlich den heißen Tee schlürfen und der von mir gebackene Vollkornkuchen anerkennend aufgenommen wird, höre ich so manchen kleinen Seufzer. Das Thema erregt die Gemüter. Da wird von Kleinkriegen erzählt, die mit Pfunden und Kilos geführt werden, von enttäuschten Gesichtern beim Blick auf die Waage. Irma beklagt sich über ihre schmerzenden Füße und Beine und daß sie keine eleganten Schuhe mehr tragen könne – von hohen Absätzen könnte sie ohnedies nur noch träumen. Von Händen und Fingernägeln wird gesprochen und Elsbeth ist der Meinung, daß allzulange rotlackierte Nägel unvorteilhaft aussähen bei einer nicht mehr ganz jungen Hand, da wären kurze jugendlicher und sportlicher. Dann geht es um Kleidungsstücke, die jetzt besser nicht mehr getragen werden, dafür aber andere, die besser zu unserem Alter passen. Knappe Bikinis, enge Pullis und allzu kurze Röcke und Kleider seien nicht mehr unser Stil. Dafür wäre bei manch einer ein gutsitzender BH vonnöten – daß die das nicht selbst merkt? Lässige Kleider, elegant oder sportlich geschnitten, fließende Stoffe, die kaschieren und nicht betonen, sind bei Rundungen, die einen Rubens in Begeisterung versetzt hätten, allemal angebracht.
Und wenn Sie demnächst jemand mit süßlichem Lächeln auf den Lippen und folgenden Worten begrüßen sollte, wie es Lucia kürzlich passierte: »Meine Liebe, heute sehen Sie aber besonders wohl aus« und Sie genau wissen, daß man Ihnen zu verstehen geben wollte, daß Sie wieder zugenommen hätten, dann ist es an der Zeit – vorausgesetzt natür-

lich, derlei »Komplimente« ärgern Sie –, daß Sie ernsthaft über Ihre Eßgewohnheiten nachdenken.
Im Teegespräch hört man auch von Dessous, und es wird allgemein festgestellt, daß sich die heutige Wäscheindustrie durchaus etwas einfallen läßt in puncto Reizwäsche für die nicht mehr ganz so junge Frau. »Liebestöter« und »Schlafzimmerschrecks« sind längst aus dem Wäschefach der modernen reifen Frau verschwunden. Sie werden erst dann wieder aus irgendeiner Kiste hervorgeholt, wenn die eine oder die andere als ulkige Nudel auf den Fasching gehen möchte.
Eine lebhafte Diskussion gibt es auch über die Frage, ob wir uns oder ob wir uns nicht ärmellos oder schulterfrei in der Öffentlichkeit zeigen sollen. Die Meinungen gehen auseinander, und es gibt ein heftiges Pro und Kontra. Schließlich einigt man sich aber doch darauf – und das ist wohl das Vernünftigste – daß ausschlaggebend ist, wie wohlgeformt die Schultern und wie appetitlich das Dekolleté noch ist.
Aber wie dem auch sei, ob von hohen Absätzen, langen Fingernägeln, kurzen Röcken, engen Pullis, reizloser Unterwäsche und von nicht mehr getragenen Bikinis gesprochen wird, immer sind es die allzu runden Hüften und das Bäuchlein, in die das Thema ganz automatisch mündet und die den Kernpunkt der nachmittäglichen Unterhaltung darstellen. Es ist eine bekannte Tatsache, daß es nur ganz wenige Frauen jenseits der Vierzig gibt, die ihre Figur vergessen und in sich hineinstopfen können, so viel und was sie wollen, ohne an Gewicht zuzulegen.
Hier gebe ich einen Denkanstoß und beschwöre meine Gäste geradezu, auf eine vernünftige Ernährung umzusteigen, falls sie Probleme haben. Es ist ja nicht allein entscheidend, wieviel wir essen, sondern *was* wir essen. Angesichts der vielfältigen Literatur über Vollwertkost müßte inzwischen jede von uns wenigstens die Möglichkeit gehabt haben, mit dieser Art der Ernährung Bekanntschaft zu machen. Wie wir uns gesund und trotzdem sehr genußreich ernähren kön-

nen, dazu gebe ich im Kapitel »Wille zum Glück« noch einige Tips. Denn es ist nun einmal deprimierend, wenn der Po zu dick und die Schenkel zu ausladend sind, um in eine flotte Jeanshose steigen zu können. »Wehret den Anfängen«, heißt es da. Wir sind *nie* so alt, daß uns unser Äußeres egal sein darf, aber wir sind in einem Alter, wo wir besonders aufpassen müssen.

In meiner schwäbischen Heimat gibt es ein Sprichwort, mit dem ich viel Heiterkeit bei den Damen auslöse: »In der Jugend ist sogar der Teufel schön.«

Weder sind wir noch das eine noch waren wir je das andere. Aber dieser deftige Spruch sagt uns ganz klar, daß die Jugend sich nicht zu schmücken braucht – sie schmückt sich mit der Jugend – Gedanken, die die Runde ruhiger werden läßt.

Der Nachmittag geht langsam seinem Ende entgegen.

Der Griff nach den Handtaschen signalisiert den beginnenden Aufbruch. Ich gebe noch eine letzte Runde Tee aus, dann verabschiedet man sich: »Vielen Dank. Es war wieder einmal ganz reizend bei dir. Du hast dir viel zu viel Mühe gemacht. Auf bald!«

Nur Gudrun hat es nicht eilig mit dem Fortkommen. Sie nestelt an ihrem Haar herum, läßt sich Zeit beim Rougeauflegen, streicht sich die Strumpfnähte gerade und interessiert sich so lange für meine neu angeschaffte Getreidemühle, bis die Damen in ihren Autos abgefahren sind.

»Kann ich noch einen Augenblick bleiben?« fragt sie mich jetzt, während sie mit einer Fingerkuppe einen Tropfen Parfum hinterm Ohrläppchen versteckt, der einen süßlichen Duft verbreitet.

»Aber selbstverständlich. Komm, wir gehen ein paar Schritte über den Rasen. Die würzige Abendluft wird uns guttun.«

Ich hake sie unter, und draußen empfängt uns eine leichte, milde Sommerbrise. Wir gehen bis zum Ende des Gartens an den kleinen Teich und bleiben, ohne etwas zu sagen, dort

stehen. Jede hängt einem Gedanken nach, der sie vom mittäglichen Gespräch beschäftigt, und wir beobachten dabei die im Wasser scheinbar ziellos durcheinander laufenden und schwimmenden Molche.
Gudrun ist es, die schließlich das Schweigen bricht und ohne Einleitung von mir wissen will: »Wie machst du das eigentlich? Wenn man dich sieht, bist du vergnügt und strahlst Lebensfreude aus. Wenn man dich hört, steckst du voller Pläne und hast immer etwas vor. Depressive Phasen kennst du wohl nicht oder du weißt sie geschickt zu verbergen. Du bist doch ebenso in dem ›gewissen‹ Alter und kannst mir nicht erzählen, daß alles, was damit zusammenhängt, unbemerkt an dir vorbeiläuft und dich nicht einmal berührt hat. Also, raus mit der Sprache, worin besteht dein Geheimnis?«
»Da gibt es kein Geheimnis. Ich habe zwar noch nie ernsthaft darüber nachgedacht. Aber jetzt, wo du mich so direkt darauf ansprichst, muß ich wohl.«
»Aber denk nicht zu lange! Ich möchte von dir Hilfe oder einen Rat mit nach Hause nehmen und es wird langsam Zeit, daß auch ich verschwinde. Du hast mich zum Tee eingeladen und nicht zum Übernachten.«
So muntert sie mich zu einer raschen Antwort auf, die aber so auf die Schnelle unbefriedigend sein muß: »Weißt du, in drei Sätzen kann ich dir das nicht vermitteln. Meiner Einstellung zum Leben liegen fünfzig bewegte Jahre zugrunde, die mich geformt und mir einen ganz bestimmten Stempel aufgedrückt haben. Bei deinem nächsten Besuch werde ich dir ausführlich darüber berichten. Für heute möchte ich dir nur folgendes sagen: Wenn du dem Leben nicht positiv gegenübertrittst, wartest du vergebens darauf, daß es dir positiv begegnet. Und wenn du zu dir nicht freundlich bist, wer soll es dann sein? Und ich bitte dich inständig, sei du endlich mal freundlich zu dir selbst und nimm 15 Kilo ab. Ich weiß, wie du unter deinem Übergewicht leidest. Aber fang damit an, gleich morgen.«

»Kann ich nicht, kommenden Sonntag ist Taufe meines ersten Enkels. Aber danach werde ich keine Ausrede mehr finden. Ich versprech's dir, obwohl ich jetzt schon weiß, daß ich die größten Schwierigkeiten haben werde. Hoffentlich kann ich das durchhalten.«

»Ach, red' nicht! Das Rauchen konntest du doch auch aufgeben, und das war sicher keine Kleinigkeit für dich. Du mußt dir nur ein Ziel stecken und es dann nicht mehr aus den Augen lassen.«

Langsam gingen wir zurück. Das Gras wurde schon feucht, und man hatte das Gefühl, auch die Natur bereite sich aufs Schlafengehen vor.

Ich begleitete Gudrun noch zum Wagen, winkte ihr zum Abschied kurz nach und beeilte mich dann, die Spuren des nachmittäglichen Teegelages zu beseitigen. Es war an der Zeit, das Abendbrot vorzubereiten. Und während ich in der Küche herumhantiere, Routinearbeit leiste, denke ich über das Gespräch nach: Lebensfreude, Vergnügtsein strahle ich aus, hat sie gesagt. Dazu gibt es eine ganze Menge zu sagen. Ob es allerdings ein Geheimnis ist? Vielleicht.

Kennen Sie die »Ja-aber-Menschen«? Nein? Haben Sie noch nie erlebt, daß Sie jemandem etwas Erfreuliches erzählten und gleich als Antwort ein langgezogenes: ›Jaaaaa, aaber‹ bekamen?

Das läuft dann folgendermaßen ab: »Haben wir nicht einen strahlend blauen Himmel?« Jaaa, aber heute abend könnte es ein Gewitter geben!

Oder: Du wohnst in einer herrlichen Gegend! – Jaaa, aber ich muß mit dem Auto in die nächste Stadt fahren.

Oder: Sie sind eine hinreißende Frau! – Jaaa, aber leider bin ich nicht mehr die jüngste.

Eine solche Einstellung, das Unvermögen, etwas Positives ganz einfach mal so zu nehmen, wie es ist und wie es sich zeigt, kann keine Grundlage für Lebensfreude und Vergnügtsein darstellen.

Genau umgekehrt wäre es richtig: »Es schüttet wie aus Kübeln. – Ja, aber bald wird die Sonne wieder scheinen« – um bei dem ersten Beispiel zu bleiben. Und dabei sind das »ja« und das »aber« ganz kurz und froh gesagt, weil sie die Hoffnung auf den kommenden Sonnenstrahl zum Ausdruck bringen.
Das alles soll nun nicht heißen, daß ich von Berufs wegen ein Strahlekind bin, daß mir alles egal ist, was um mich herum an Bösem und Traurigem geschieht, daß ich über alles hinwegsehe, was mich eventuell bedrücken oder belasten könnte. Ein fröhlicher Mensch ist noch lange kein oberflächlicher Mensch, und eine lebensbejahende Einstellung hat mit Flatterhaftigkeit absolut nichts zu tun. Aber auf das Licht kommt es an, mit dem man seine Eindrücke, Erfahrungen, Erlebnisse und täglichen Pflichten beleuchtet.
Ich hatte mal eine Zeit, es ist noch nicht lange her, da war ich vollkommen schwunglos und ohne Antrieb. Ich setzte mich zu Hause von einem Stuhl auf den anderen, lief dann wieder ziellos durch die Zimmer, begann vieles, beendete wenig, kurz: Ich konnte mich selbst nicht mehr leiden, und das heißt bei mir schon eine ganze Menge. Ich war so richtig wechseljahrig und »klimakhysterisch«, aber ich spürte genau, daß dieser unerfreuliche Zustand sofort und auf der Stelle beendet werden mußte:
»Wenn ich heute abend nicht zu Hause bin, dann bin ich in Paris.«
Mit diesen Worten verabschiedete ich dann eines Morgens meinen völlig verdutzten Mann. Der wußte überhaupt nicht, wie ihm geschah, und sein Gesicht nahm einen äußerst besorgten Ausdruck an. Ich bekräftigte meine etwas exzentrische Ankündigung mit einem entschlossenen Kopfnicken.
In dieser Zeit hatte ich den ganzen Kram mit Haushalt, Beruf, sechs Uhr früh aufstehen, überfüllte Supermärkte, Einkaufsnetze schleppen, Wäsche waschen, Hemden bügeln,

einfach satt – so satt, daß ich das Gefühl hatte, dringend ein Ventil zu brauchen, bevor ich platze.
Selbstverständlich war ich an jenem Abend keineswegs in Paris, aber anstatt mir daheim die Decke auf den Kopf fallen zu lassen, meine sonst heißgeliebten vier Wände mit Unmut anzustarren, schlüpfte ich kurzentschlossen aus meinem Alltagsgewand und begab mich, sportlich gekleidet, auf den Golfplatz. Ich lobte mich für diese gute Idee, denn schließlich bin ich halbtags berufstätig und kann nicht einfach für Tage verschwinden. Von wegen Paris! Und schon bald nach den ersten mehr oder weniger gelungenen Schlägen beschäftigte mich ein völlig anderes Thema und neue, »sehr wichtige« Gedanken begleiteten mich über den gepflegten Rasen: Wieso treffe ich heute den Ball nicht wie sonst? Ich muß dringend Trainerstunden nehmen. Und das Eisen vier muß ich mehr einsetzen.
Ein Junggolfer, der mich mit seinen langen Schlägen rasch einholte, gesellte sich zu mir, und wir spielten zusammen weiter, jeder mit dem Gefühl, einer herrlichen Nebensache für ein paar Stunden größte Aufmerksamkeit schenken zu können. So etwas bringt gute Laune. Und als ich dann gegen abend zu Hause meinen schon wartenden Mann begrüßte, gab es keine Decken mehr, die mir auf den Kopf fallen wollten und auch die heimischen vier Wände hatten nichts Anödendes mehr an sich.
Es bedarf eben keiner großartigen Unternehmungen, wenn man den im Anzug befindlichen Tiefs mit Erfolg begegnen will. Es ist nur der berühmte kleine Ruck, den man sich geben muß.
Es muß auch nicht der Golfplatz sein. Es ist alles hervorragend geeignet, was uns aufrichten kann, uns froh macht und uns hilft, uns selbst aus einer gewissen Lethargie zu befreien. Man muß sich nur davor hüten, in Selbstmitleid zu verfallen, und bedrückende Gefühle müssen vorübergehende Erscheinungen bleiben.

Es ist hier selbstverständlich nicht die Rede von echten Sorgen, die das Schicksal für jeden von uns mal mehr, mal weniger, bereithält. Hier geht es um die Ja-aber-Einstellung im ganz normalen Alltagsgeschehen, um das Verliebtsein in einen Kummer, der keiner ist.
Es ist vielleicht interessant zu erfahren, daß nicht nur wir Frauen in den gewissen Jahren verstärkt unser Nervenkostüm verspüren, sondern daß auch Männer unseres Alters sehr wohl und mit Kümmernis am Verlust der Jugend zu tragen haben. Eine Reise zu meiner Mutter, die ich gern und regelmäßig besuche, gab mir reichlich Aufschluß darüber. Ich traf dort rein zufällig einen alten Freund, mit dem mich von Jugend an ein Vertrauensverhältnis verband, das sich über all die Jahre nicht änderte. Natürlich begann unser Gespräch auch diesmal mit den üblichen Fragen nach Familie und um persönliches Befinden. »Ist Dore (seine Frau) noch berufstätig? Hast du schon Schwiegerkinder oder bist du gar schon Großpapa? Was machen deine Hobbys, das Segeln und der Tennissport? Immer noch ›hart am Wind‹ und die gefürchtete Rückhand?«
So begann es auch damals, als wir uns trafen.
»Oh, bitte erinnere mich nicht daran!« kam es da etwas gequält auf meine Frage nach den Hobbys. »Jetzt hast du deinen Finger auf eine Wunde gelegt, die mich schmerzt und die wohl auch nie mehr heilen wird.«
Ich stutzte. Vor mir steht ein Bild von einem Mann, ein Typ, um den seine Frau ganz sicher beneidet wurde und noch beneidet wird: ein erstklassiger Tänzer, ein Charme versprühender Gastgeber und, wie ich mich erinnere, ein brillanter Unterhalter und Gesprächspartner. Sportlich. Männlich. Und zu allem noch ein sehr erfolgreicher Wissenschaftler. Sollte ich mich verhört haben? Macht er Witze? Aufmerksam schaue ich ihn an. Verraten mir seine Gesichtszüge etwas, das er mir verheimlichen will – noch verheimlichen will?

Ich entdecke nichts. Ich stelle nur fest, daß er immer noch unverschämt gut aussieht, doch genau in diesem Augenblick höre ich ihn sagen: »Du, ich kann nicht mehr!«
»Was? Du strotzt doch vor Gesundheit. Du bist doch nicht krank?«
Daß etwas anderes ihn belasten könnte, kam mir überhaupt nicht in den Sinn. Seine Ehe war immer glücklich gewesen, also das konnte es nicht sein.
»Komm, laß uns darüber reden«, fuhr er fort. »Wirst du irgendwann irgendwo erwartet?«
»Nein.«
»Dann werden wir ein Bier trinken gehen.«
Jetzt mußte ich lächeln. Er hat nie begriffen, daß ich kein Biertrinker bin.
Bald sitzen wir in einer gemütlichen Kneipe: er vor seinem Bier, ich vor meinem Mineralwasser.
»Kannst du dir vorstellen, daß ich Angst habe vor dem Altwerden?«
Mit dieser Bemerkung erschreckt er mich, noch bevor wir einen Schluck getrunken haben.
»Nur sehr schwer, aber wenn du es mir so sagst, muß es wohl stimmen«, sind meine etwas mageren Worte.
»Und diese Angst trage ich immerzu mit mir herum. Dore hat übrigens keine Ahnung. Argwöhnisch verfolge ich, wie mein einst voller Haarschopf immer dürftiger wird. Ist dir das nicht auch schon aufgefallen?« Und ohne meine Antwort abzuwarten, erzählt er weiter: »Jeder begegnet mir mit einer völlig überzogenen Erwartungshaltung. Kein Mensch kommt auf die Idee, daß auch ich Ruhe brauche, entspannen muß und Gefühlsschwankungen unterworfen bin. Ich fühle mich gezwungen, mehr zu leisten als ich kann. Und ich kann eben nicht mehr so wie früher! Und jetzt komme ich zu dem Punkt, den du vorher angesprochen hast, und eigentlich der Anlaß dafür war, daß ich mal darüber rede: der Tennisplatz – einst der Ort, an dem ich meine Kondi-

tion, mein Reaktionsvermögen unter Beweis stellen konnte und nicht zuletzt meinen durchtrainierten Körper präsentierte. Der Tennisplatz ist zu einer Falle geworden, die ich mir selbst immer wieder stelle, weil ich nicht wahrhaben will, was meine Leistungen schon längst angekündigt haben: Die Luft ist raus! So muß ich eine Niederlage nach der anderen einstecken – und ich bin noch immer ein schlechter Verlierer.«
»Falls du dich nicht geändert hast, weiß ich es.«
»Du brauchst dich nicht über mich lustig zu machen. Ich leide wirklich.«
So geht es ein paarmal hin und her, bis ich in etwas hinterlistiger Weise das Gespräch auf den Punkt bringe, an dem ich sein Hauptproblem vermute: »Will deine Frau dich deswegen verlassen? Hat sie womöglich einen Liebhaber?«
»Jetzt gehst du zu weit mit deinem Spott«, entrüstet er sich. »Trotzdem mußt du auch noch den Rest der Geschichte mitanhören. Du hast von einem möglichen Liebhaber bei Dore gesprochen. Das ist es nun wirklich nicht. Ich bin derjenige, der Schwierigkeiten hat im Schlafzimmer.«
Also doch! Der Pfau kann sein Rad nicht mehr beeindruckend genug schlagen! Aber diesen Vergleich behalte ich lieber für mich und bemühe mich nun ernsthaft, ihn zu trösten: »Du mußt deine Schwerpunkte jetzt eben woanders sehen. Der Herr mit grauen Schläfen ist in und steht dir ausgezeichnet. Mach nicht mehr auf toller Bursche, sondern auf interessant, auf Kavalier alter Schule, und hör' endlich auf, dich selbst zu bemitleiden.«
»Du hast gut reden! Du bist eine Frau, und ihr Frauen habt es da allemal leichter. Ihr dürft normal eine Krise haben, ohne daß man euch deswegen schief anschaut. Ihr könnt voll eure Wehwehchen ausleben und auch noch so mancherlei körperlichem und geistigem Zipperlein das Mäntelchen der Unpäßlichkeit umhängen. Wir Männer beneiden euch darum.«

Das war mir nun wirklich noch nie bewußt geworden, und ich wurde nachdenklich. Was er sagt, stimmt schon. Ich kann mich jedenfalls nicht daran erinnern, je ein männliches Wesen erlebt zu haben, das sich mit Migräne zurückgezogen hätte oder einer Unpäßlichkeit wegen einer Veranstaltung ferngeblieben wäre. Ich knüpfe an den Kavalier alter Schule an und bestärke ihn nochmals darin, seinen Typ – wenn auch nicht dem inneren Triebe, so doch der Not gehorchend – zu verändern und das Beste daraus zu machen. Trotzdem habe ich das Gefühl, seine Situation nicht im Griff zu haben, und ich muß mir eingestehen, daß ich doch sehr ratlos bin. So, wie er sich mir zeigt, müßte er einen Andrologen (Männerarzt) aufsuchen. Auf jeden Fall einen Arzt konsultieren.
»Versprich mir, nicht mehr so übertrieben in dich hinein zu hören und dich nicht gar so wichtig zu nehmen! Laß deine Füße auf dem Teppich, und sieh nicht alles so überspitzt.«
Leider muß ich jetzt gehen, und im Aufstehen lächle ich ihm zu: »Dein immer noch vorhandenes Vertrauen zu mir freut mich, und ich danke Dir dafür.«
»Ich werde mich bemühen, deine Ratschläge zu befolgen. Du warst ernüchternd ehrlich wie immer.«
»Du hast hoffentlich nichts anderes erwartet. Halte mich auf dem laufenden. Viel Glück. Tausend Grüße an Dore.«
Freundschaftliche Küsse, rechts und links auf die Wange – das war's.

Meine mehr als bescheidenen »Ratschläge« für den ratlosen Freund haben mich beschäftigt und dazu veranlaßt, mit einem Facharzt über dieses Thema zu sprechen. Schließlich sind wir die Frauen, die mit den Männern leben, die in solchen Schwierigkeiten sind, und die diese Männer lieben. Also müssen wir auch darüber Bescheid wissen – wenigstens so viel, daß wir erkennen können, ob und wann ein Arztbesuch notwendig wird. Wir müssen dann mit sehr viel

Feingefühl auf *das* Thema kommen, mit ebensoviel Feingefühl die Wortwahl treffen und einen Arztbesuch vorschlagen.

Interview mit Herrn Prof. Dr. med. Bodo Terhorst, Facharzt für Urologie, Chefarzt der Urologischen Klinik im Caritas-Krankenhaus Bad Mergentheim – Lehrkrankenhaus der Universität Heidelberg, Dozent an der R.W.T.H. Aachen:

Gibt es bei dem Mann auch so etwas wie Wechseljahre, und wenn ja, ab wann?

Es gibt so etwas wie die Wechseljahre auch bei dem Mann, das sogenannte ›Klimakterium virile (Männerklimakterium)‹. Es ist aber anders als bei der Frau: Bei der Frau ist es gesetzmäßig und zwar bei jeder Frau! Beim Mann ist es nicht auf einen Zeitraum begrenzt, und es trifft nicht alle Männer. Es kann auftreten mit 45, 55, 65 oder überhaupt nicht.

Gibt es einen besonderen Typ, der für das ›Klimakterium virile‹ prädestiniert ist?
Nein. Den gibt es nicht.

Wie äußert es sich?
Die Sinne bleiben gleich, doch die Leistungsfähigkeit läßt ebenso nach, wie das Verlangen nach Sexualität, und die Frequenz läßt nach. Für die Häufigkeit des Geschlechtsverkehrs bei Männern gibt es folgende »Faustregel«:

Alter:	
20–30 Jahre	Try daily
30–40 Jahre	Try weekly
40–50 Jahre	Try monthly
50–60 Jahre	Try anything
60–70 Jahre	Try oysters
70–80 Jahre	Try to remember

Die Ursache liegt in der Verminderung der Androgene, also der männlichen Geschlechtshormone im Blut und im Urin infolge Nachlassen der Hodenzellen.
Die äußerlichen männlichen Merkmale bleiben unverändert: Bartwuchs, die Stimme, die Geschlechtsorgane.

Wie ist es um die Psyche bestellt?
Vergleichbar wie bei der Frau: Depressive Verstimmungen. Die Männer sind mürrisch, unausgeglichen und wissen nicht warum. Und hier beginnt das Problem für den Andrologen, den Männerarzt: Ist die Ursache nun organisch, psychisch oder handelt es sich um das Männerklimakterium? Man weiß heute: Wenn ein Mann mit obengenannten Beschwerden den Arzt aufsucht, handelt es sich in fünfzig Prozent der Fälle um organische Ursachen, in dreißig Prozent um psychische, und in zwanzig Prozent haben wir das Bild des Klimakteriums virile.

Wie wird das Klimakterium virile behandelt?
Man gibt dem Patienten männliche Hormone in niedriger Dosierung unter Kontrolle der Prostata. Grund: Ein vorhandener Prostatakrebs kann durch die Behandlung aktiviert werden.

Kann ein schon vorhandener Prostatakrebs vor der Hormonbehandlung diagnostiziert werden?
Ja, das kann man feststellen.

Wie wirkt die Hormonbehandlung auf den Patienten?
Der Patient wird wieder leistungsfähig, belastbar, hat mehr Lebensfreude, seine steigende Potenz trägt zu einem ausgeglichenen Gefühlsleben bei, hebt das Selbstbewußtsein.

Wie aufgeschlossen sind Ihre Patienten, und inwieweit sind sie aufgeklärt?
Sie sind weder aufgeschlossen noch aufgeklärt. Man muß richtige Pionierarbeit leisten.

Kommt es vor, daß die Ehefrauen, Partnerinnen mit in die Sprechstunde kommen? Gibt es Fälle, in denen Sie es sogar wünschen?
Es kommt vor, aber sehr selten, daß die Partnerin mit in die Sprechstunde kommt. Potenzstörungen *organischer* Art werden vom Urologen behandelt. Haben sie psychische Ursachen, rate ich meinem Patienten, zusammen mit seiner Frau zum Psychologen zu gehen.

Soweit das Interview mit Herrn Prof. Dr. med. B. Terhorst. Ob er allerdings ein Trost für uns Frauen ist, der Mann in der Krise? Unsere Schwierigkeiten macht er nicht kleiner.
Aber davon abgesehen: Ich bewundere einen Mann, der stark genug ist, über seine Schwächen und Unzulänglichkeiten mit einer Frau zu sprechen – mit einer Frau, die sich auch gerne mal mit einem Freund ausgesprochen hätte über all die kleinen und »großen« Kleinigkeiten, mit denen wir Frauen unseres Alters täglich konfrontiert werden:
»Hast du wieder sämtliche Heizungen abgedreht? Mir ist kalt.«
Mein Mann, eingepackt in eine dicke Wolljacke, stellt mir diese Frage mit einem vorwurfsvollen Unterton.
»Ja, ich habe«, antworte ich und bin weiter damit beschäftigt, den zu groß gewordenen Kroton umzutopfen. Ich wage nicht zu sagen, daß es mir selbst in der leichten Bluse und den Sommerjeans noch zu warm ist. Statt dessen gebe ich zu bedenken, daß es unverantwortlich sei, die Energiereserven unserer Erde leichtsinnig zu vergeuden. Mein Umweltbewußtsein steht außer Frage, aber es sind auch die »Fliegenden Hitzen«, die mich dazu veranlassen, in unverhältnismäßiger Weise Energie zu sparen. Es herrscht ein ständiger Kleinkrieg zwischen mir und meinem Mann, zwischen »es ist zu warm« und »es ist zu kalt«. Meine Aufmerksamkeit wieder bei der Zimmerpflanze bitte ich meinen Mann, sie zurück an ihren Fensterplatz zu stellen. Und während er sie

davonwuchtet, spüre ich, daß er eigentlich keine Ahnung hat, weder von meinen Hochs noch von meinen Tiefs, und daß es ihm unendlich schwerfallen muß, sich in meine Welt zu versetzen.
So konnte er auch nie begreifen, daß ich mein langes blondes Haar habe abschneiden lassen, trotz der spontanen und hinreißenden Komplimente, die ich dafür bekam – ab und zu auch von ihm. In den letzten Jahren trug ich es hochgesteckt, mal als »Banane« gedreht, mal lustig als Zopf mit Spange oder Schleife oder elegant zu einem Nackenknoten geschlungen, je nach Stimmung und Anlaß. Und jetzt? jetzt habe ich eine Jedermannshaartracht. Mein Gesicht soll sanfter, weicher wirken. Jünger?
Das »Naturblond« bleibt mir dank geschickter Hände einer jungen Friseurmeisterin und der hochgelobten Chemie erhalten, aber läßt sich auf eine solche Weise das Schicksal, die Natur, überlisten? Vielleicht merkt sie unsere Tricks nicht, wenn wir geschickt vorgehen, und sie vergißt womöglich für eine Weile, den Zahn der Zeit an uns nagen zu lassen. Meine Trickkiste ist jedenfalls bis an den Rand gefüllt. Es gibt nichts, dessen ich mich nicht bediente, wenn es dem Leib und der Seele ein Hoch beschert. Trotzdem muß ich immer wieder betonen, daß ich weit davon entfernt bin, ein Wundertier zu sein. Ich habe meine Probleme, habe Schwierigkeiten, mit den nur allzu vordergründigen, altersbedingten Veränderungen klarzukommen:
So ließ ich in einem Anflug von fast lächerlicher Gefühlsduselei eine angebrochene Tamponschachtel auf meinem Toilettentisch liegen in der albernen Hoffnung, der Quell, den ich so oft verfluchte, als ich noch jung war, könnte sich doch noch einmal auftun. Anstatt froh zu sein, diese Last, mit allem was dazu gehört, endlich vergessen zu können, stimmte ich innerlich Klagelieder an und gebärdete mich, als wäre die Regel das alleinseligmachende weibliche Merkmal, das wir Frauen aufzuweisen haben.

Dessen besann ich mich sehr schnell, und besagtes Objekt landete auf dem Müll. Wer sind wir denn und wo kommen wir hin, wenn wir uns durch solche Selbstverständlichkeiten aus dem Gleichgewicht bringen lassen?
Es ist auch überhaupt nicht einfach für uns Frauen, die Kinder haben, sie aus der Obhut und Fürsorge zu entlassen, zusehen zu müssen, wie sie sich mehr und mehr unserem Einfluß entziehen und ihre eigenen, selbstgewählten Wege gehen wollen. Zwar sagt uns unser Verstand haargenau, daß sie diesen Weg nicht nur gehen wollen, sondern gehen müssen, damit sie selbständige und zufriedene Menschen werden können. Wie gesagt, wir wissen das, aber was sagt unser Herz dazu?
Manche meiner Freundinnen hat sich da sehr schwer getan, und eine litt fürchterlich, als ihr viertes – ihr jüngstes Kind das elterliche Haus verließ, um mit Freunden in einer Wohngemeinschaft zu leben. Zum Schmerz der plötzlichen Leere kam noch das Unverständnis für diese »neumodische« Art des Wohnens, wie sie sich auszudrücken pflegte. Sie konnte weder mit der gewonnenen freien Zeit etwas Vernünftiges anfangen, noch war sie imstande, sich »abzunabeln«, das Kind loszulassen. Sie machte auf mich den Eindruck, als ob sie ihren Kindern Gleichgültigkeit, ja sogar Rücksichtslosigkeit und Härte ihr gegenüber vorwarf. Letztlich machte sie die Kinder sogar dafür verantwortlich, daß sie, die Mutter, sich einsam, überflüssig und lustlos fühlte. Dies ist eine verbreitete Einstellung, die das Mutter-Kind-Verhältnis unnötig belastet und den neubegonnenen Weg der jungen Erwachsenen zusätzlich erschwert, wo er doch ohnedies schon steinig und holperig genug ist.
Es heißt ja nicht, daß man nicht traurig sein darf, und auch nicht, daß man das nicht zeigen soll – im Gegenteil: Aber die Kinder einem moralischen Druck aussetzen, heißt ihnen ihre Freiheit nehmen.
Was machte ich eigentlich an jenem Tag, als meine Jüngste,

bewaffnet mit einem großen Koffer, einer prallgepackten Reisetasche und einem Herzen voller Unternehmungslust vor mir stand, mir einen dicken Abschiedskuß auf die Wange gab und frisch und fröhlich sagte: »Mama, mach's gut!«

Ich weiß es noch sehr gut: Es gab einen stechenden Schmerz an einer ganz bestimmten Stelle meines Körpers, ich hatte plötzlich einen Kloß im Hals, die Augen wurden feucht, und ich gab mich in völlig übertriebener und unangemessener Weise fröhlich und heiter. Und als ich dann allein unter der Haustür stand und der kleine Wagen knatternd mit meiner Tochter davonfuhr, spürte ich, daß ein neuer Abschnitt meines Lebens begann: kinderlos.

Ich holte mir die Fotoalben meiner drei hervor, hockte mich in der Küche auf die Eckbank, wo ich all die Jahre so oft mit ihnen gesessen hatte, als sie noch zum Knuddeln, zum Herzen und hilflos waren. Hier hatten wir zusammen gespielt, ich hatte ihnen vorgelesen oder selbstausgedachte Geschichten erzählt, in denen sie selbst eine Rolle spielten.

Auch diese bittersüßen Augenblicke und der wehmütige Ausflug in die Vergangenheit liegen nun schon Jahre zurück, und ich habe versucht, mir das Leben mit meinen »Besuchskindern« einzurichten. Und es ist für mich bis heute ein Fest geblieben, wenn sie aus fast allen Himmelsrichtungen anreisen, das Haus voll ist. Dann erfüllen ihre unverwechselbaren, fröhlichen Stimmen die Zimmer, und es hallt bis hinaus in den Garten. Da wird es warm um ein Mutterherz – auch wenn es schon fünfzig Jahre fleißig schlägt und entsprechend abgeklärt sein sollte.

Abgeklärt aber ist es nun wirklich nicht. Dabei wünsche ich es mir manchmal so sehr! Wenn ich nämlich von meinen neuerdings durcheinanderwirbelnden Hormonen überfallen werde und nicht mehr so recht Herr meiner Gefühle bin, dann werde ich zickig und aggressiv und bin alles andere als liebenswert, ja geradezu unausstehlich. Ich explodiere, gehe hoch wie eine Rakete und reagiere auf die bestgemeinten und harmlosesten Bemerkungen meines nur allzu arglosen Mannes wie eine Xanthippe. Ich bin immer sein Sonnenscheinchen gewesen, heute komme ich mir oft eher vor wie seine Gewitterwolke und warte nur darauf, daß ich auch noch anfange zu blitzen. Das Donnern gelingt mir ja schon recht ordentlich, wenn mir danach ist.

Aber wenn ich so ein »Naturereignis« hinter mich gebracht habe, dann frage ich mich jedesmal: Wo sind meine Ruhe und meine Gelassenheit geblieben? Habe ich eigentlich den Überblick verloren? Bin ich nicht mehr imstande, zu unterscheiden zwischen weltbewegend, wichtig, nicht so wichtig und Dingen, die man normalerweise mit einem lockeren Achselzucken abtut?

Normalerweise! Aber offensichtlich nicht eine Frau, die mit gesichtslosen Feinden zu kämpfen hat, bei der sich das sachliche Denken und ein sicheres Urteilsvermögen davongeschlichen haben, wie ein Dieb in der Nacht, und die aber, allen Unkenrufen über die Fünfzigjährige zum Trotz, sich angeschickt hat, gegen den Strom der allgemeinen Verunsicherung und Selbstaufgabe zu schwimmen!

Ich werde wachsam sein. Bei der nächsten Attacke, die die Hormone gegen mich blasen, und beim nächsten Streich, den die überdrehten Nerven und Gefühle mir spielen wollen, muß ich gewappnet sein. Ich werde mir Eselsbrücken bauen, Hilfskürzel ausdenken, ein Codewort mir zurechtlegen und sie allesamt zu meinen heimlichen Verbündeten machen. Das kann sehr lustig werden. Nehmen wir einmal an, es wird ein Thema von Ihrem Mann angeschnitten, das Sie innerhalb von Sekunden auf achtzig bringen kann, und Sie sagen nur laut vor sich hin etwa: »Kleopatra« oder »Heuwägelchen« oder meinetwegen »Apfelkompott«, dann ist doch allem zunächst die Spitze genommen, und man wird nach Aufklärung der Sachlage eine vernünftige Gesprächsebene finden.

Ich habe für mich das Wort »Frostbeulen« gewählt. Mein Mann kennt das schon, und es ist für mich wie eine Notbremse: Wenn ich merke, der »Countdown« läuft, am großen Zeh fängt es an und beginnt weiter zu steigen, das Blut, das in Wallung geraten ist – bevor ich dann loslege, wortreich, und mir mit erhobener Stimme Luft mache: »Frostbeulen ...«

Einmal fiel mir das Wort nicht ein. Es war fatal. Ich pumpte wie ein Maikäfer, der losfliegen will, und als mir dann mein Mann das Zauberwort einflüsterte, mußte ich dermaßen lachen, daß mir Tränen über die Wangen rollten. Später konnten wir uns dann in Ruhe über das »brisante« Thema unterhalten.

Natürlich ist solch ein Ulk nicht immer angebracht. Aber genausowenig ist Losschreien und Wütendwerden wegen Nichtigkeiten immer angebracht. Manchmal aber, in gewissen Situationen, sollte man sich darin richtig gehen lassen. Man fühlt sich dann wieder besser und leichter.

Nicht leicht fühle ich mich an Tagen, an denen mich ein Ungeist reitet und ich mir ohne sichtbaren Grund einrede, mein Leben schlecht gelebt oder gar versäumt zu haben. Dann laufe ich mit ernster Miene durch die Gegend, lege die Stirn in zwei senkrechte Falten und versuche, meine Augen finster dreinschauen zu lassen. Ich bin ganz die vom Schicksal Benachteiligte, und Hadern ist angesagt, egal mit wem. Ich befleißige mich dann, mir ohne Rücksicht auf meine Person heikle und philosophische Fragen zu stellen:

Warum hast du nicht bewußter gelebt? Warum hast du dich leben und treiben lassen? Warum hast du nicht selbst gelebt? Warum warst du so inaktiv, so wenig Persönlichkeit? Warum hast du die zarten Ansätze des eigenen Ichs nicht ausgebaut, nicht genutzt, hast sie im täglichen Einerlei verkümmern lassen? Und warum hast du eigentlich die Mittelmäßigkeit deines Tuns hingenommen und nichts aus alledem gemacht, was sich dir bot?

Warum hast du deinem Leben keinen Inhalt, keine Substanz gegeben? Warum hast du dich in deiner Selbstgefälligkeit nie in Frage gestellt und bist jederzeit bereit gewesen, Schuldzuweisungen zu verteilen – dich hast du dabei stets ausgenommen?
Du hast Kritik geübt an allem und jedem, nur nicht an dir!
Warum hast du nichts Epochemachendes geleistet, worauf du jetzt mit Stolz blicken könntest?
Warum bist du so ein Versager?
Und weit und breit ist keine Antwort in Sicht. Kommt das etwa einer Bankrotterklärung gleich? Die Bilanz einer Fünfzigjährigen? Und da ich mich manchmal ganz gut kenne, rufe ich mich zur Ordnung. Ich sage mir, daß so und nicht anders und genau in solche Kanäle die Gedanken gehen, wenn man unzufrieden, freudlos, mit Bedauern und durch Krokodilstränen die Jahre betrachtet, die unwiderruflich der Vergangenheit angehören wie das Taufkleid und die Schultüte, wie der erste Liebesbrief und der erste schüchterne Kuß.
Ich sage mir auch, daß Rückwärtsschauen Rückschritt bedeutet und daß der Blick nach vorn die Grundlage meiner Überlegungen sein muß.
Es kann auch nicht angehen, daß ich dem heulenden Elend erliege, wie es mir leider neulich einmal passierte, und ich mir einbildete, alle Last der Welt auf meinen schwachen Schultern tragen zu müssen. Nichts und niemand konnte mich vom Gegenteil überzeugen, denn ich *wollte* Weltschmerz haben, ich wollte nie wieder fröhlich sein *müssen*. Mich hatte die große Tristesse gepackt, und ich drohte jedem Ach und Wehe an, der mich daraus zu befreien versuchte.
Keiner versteht mich, und dabei mußte es bleiben, koste es, was es wolle.
Doch ehe ich mich versah, war von Weltuntergang nicht mehr die Rede. Ich tauchte aus meinem Urschmerz auf und

begann im nächsten Augenblick genau in das andere Extrem zu verfallen: Ich sah mich die wildesten Einkäufe tätigen, alle Handwerker auf einmal bestellen, um das Eßzimmer in ein Bügelzimmer umzufunktionieren, den Abstellraum in ein Musikzimmer, das Wohnzimmer in ein Schlafzimmer.

Und wenn sich dann im Haus alles nach meiner Phantasie verändert hat, dann ist der Garten an der Reihe: Ich lasse lastwagenweise neue, womöglich exotische Pflanzen ankarren. Was sich bereits an Ort und Stelle befindet, wird selbstverständlich umgepflanzt, und am Ende des Grundstücks, wo der kleine Teich malerisch die hohen Fichten und den Holunderbusch widerspiegelt, wird alsbald ein Geräteschuppen zwar scheußlich, aber äußerst praktisch die Landschaft zieren. Und als Krönung des Ganzen wird ein Teepavillon – schon lange mein Traum – direkt an der Terrasse unter dem Wildkirschbaum seinen reichlich unpassenden Platz finden.

Und wer dann glaubte, mir wäre spätestens jetzt die Puste ausgegangen, der hatte sich gewaltig geirrt:

Denn anschließend schmiedete ich Reisepläne, suchte Flugrouten aus, stöberte in allen verfügbaren Prospekten und setzte natürlich die Reisezeit fest. Ich hatte auch schon genau vor Augen, was ich alles an Kleidung in den Koffer packen würde.

Es war selbstverständlich abzusehen, wann auch dieser »Anfall« vorüber war und diese unnatürliche Euphorie wie eine Seifenblase zerplatzte. Es konnte alsbald zur Tagesordnung übergegangen werden, ohne daß irgendwer oder irgendwas Schaden genommen hätte.

Aber warum, so fragte ich mich damals, bin ich derartigen Stimmungsschwankungen ausgesetzt? Weshalb fühle ich mich mal ganz unten wie in einem dunklen Verlies, bedroht von unbekannten Mächten? Und dann wieder so, als schwebte ich einen Meter über dem Boden, hätte Ballett-

schuhe an den Füßen, die mich wie eine Traumtänzerin durch eine unwirkliche, rosahimmelblau-gestreifte Landschaft tragen und die mir vorgaukeln, über ungeahnte Kräfte zu verfügen?
Ich wollte auch zu gerne wissen, warum ich weder das eine noch das andere auf ein erträgliches Mittelmaß beschränken konnte. Denn eines war mir nur zu klar, daß ich nicht nur meine Mitmenschen, sondern ganz besonders auch mich selbst damit belastete, und das nicht zu knapp. Mußte ich die Tragik, daß ich es offensichtlich nicht in der Hand hatte und diesem Wirrwarr ausgeliefert war, als gegeben hinnehmen?
Natürlich nicht!
Ich bat um ein Gespräch bei Herrn Dr. Gniadek, einem befreundeten Gynäkologen. Ich mußte mir Klarheit verschaffen. Das Im-Nebel-Herumstapfen und nicht wissen, was los ist, ist kein akzeptabler Zustand für mich. Und ich habe für Sie diese helfende und aufschlußreiche Unterhaltung in den für mich wichtigsten Punkten mitgeschrieben:
Mein Arztfreund wußte natürlich sofort, wo mich der Schuh drückte, und er hat mir erst einmal die ganzen biologischen Zusammenhänge geschildert und erklärt, was sich im Körper einer Frau abspielt, die keine dreißig mehr ist.
Zunächst einmal ein paar Zahlen: Im Durchschnitt ist eine Frau 52 Jahre alt beim Eintritt der Menopause (Zeitpunkt der letzten Regelblutung). Das bedeutet, daß wir in der Bundesrepublik fast 8 Millionen Frauen haben, die davon betroffen sind. Typisch klimakterische Beschwerden – (Klimakterium = Wechseljahre, Übergang vom fortpflanzungsfähigen zum nicht fortpflanzungsfähigen Alter der Frau) treten bei rund 85 Prozent dieser Frauen auf. Fünf Prozent dieser Frauen sind sogar so stark betroffen, daß sie berufsunfähig werden. 25 Prozent sind sehr stark belastet, 35 Prozent mittelstark und 35 Prozent nur schwach oder gar nicht.
Was also geschieht in unserem Körper? Was kann uns der-

maßen belasten, daß wir uns manchmal selbst nicht mehr kennen und daß unsere Mitmenschen fragend den Kopf schütteln? Etwa zwei bis vier Jahre vor der letzten Menstruation findet kein Eisprung mehr statt, oder die Eireifung ist sehr unregelmäßig und erfolgt nur noch gelegentlich. Der Vorrat an Follikeln (Eibläschen) ist fast erschöpft, die Eierstöcke bilden aber weiterhin mehr oder weniger Östrogen (weibliches Geschlechtshormon).

Andererseits fehlt uns das wichtige Progesteron (Gelbkörperhormon), das mit Östrogen zusammen auf viele wichtige Vorgänge in unserem Körper einwirkt, z.B. auf die weibliche Fortpflanzung, weil sie vom Eisprung abhängig ist.

So baut das Östrogen zwar weiterhin die Gebärmutterschleimhaut auf, aber durch das Fehlen des Progesterons, das die natürliche Abstoßung der Schleimhaut im bisherigen Rhythmus bewirkt, kommt es zu unregelmäßigen Blutungen, weil sich diese immer dann ablöst, wenn sie bereit ist.

Das weibliche Baby hat bei der Geburt ein Vielfaches der Eier im Körper, die es als erwachsene Frau benötigen wird, – die Natur ist ja verschwenderisch – nämlich ungefähr 400 000. Nur ein Bruchteil davon reift in befruchtungsfähigen Eizellen heran. Der gewaltige Rest wird vom Körper abgebaut. Auf diese Weise geht der Vorrat an Eiern zur Neige, die Eierstöcke schrumpfen – die klassischen weiblichen Hormone werden immer weniger gebildet – auch das Östrogen wird dem Körper nicht mehr ausreichend zur Verfügung gestellt.

Schon um die Dreißig geht die Östrogenproduktion langsam zurück, und dieser Prozeß kann über die Menopause hinausgehen.

Eigentlich ist der ganze absteigende Verlauf in unserem Körper nichts anderes als eine Umkehrung der Entwicklung der Pubertät: Alle Teile und reproduktiven Funktionen des Körpers, die sich während der Entwicklungsphase aus-

bilden und dann durch Östrogen fit bleiben, beginnen sich jetzt wieder zu verändern, da die Ovarien (Eierstöcke) allmählich ihre beherrschende Funktion einstellen.
Interessant ist auch noch, daß unsere Gene das Alter bestimmen, in dem bei jeder von uns die Menopause eintritt. Es wird fast immer ungefähr so sein wie bei unseren Müttern, Großmüttern, Tanten und Geschwistern.
Es weiß niemand, warum die Ovarien zu einem ganz bestimmten Zeitpunkt ihre Östrogenproduktion einstellen, aber es ist wahrscheinlich, daß es dann geschieht, wenn die Eifollikel (der Vorrat an Eizellen) endgültig erschöpft sind. Im Alter von vierzig Jahren ist das einst so riesige Angebot bei den meisten Frauen bereits auf nur noch etwa über 5000 bis 10 000 zurückgegangen, und auch dieser immer noch großzügige Bestand nimmt unaufhaltsam weiter ab.
Noch ein paar Vergleiche: Die Eierstöcke, ursprünglich walnußgroß, schrumpfen auf ein Drittel. Die Gebärmutter, einstmals faustgroß und etwa fünf Zentimeter dick, wird nach und nach um zwei Drittel kleiner.
Die Schleimhaut der Scheide atrophiert (schwindet), weil Zellen verschwinden, die zu Zeiten üppiger Östrogenausschüttung eine stabile Schutzschicht bildeten. Der Abstand zwischen Scheide und Harnröhre wird dadurch geringer. Auch das Gewebe der Harnröhre wird dünner und empfindlicher. Auch das Drüsengewebe in der Brust schrumpft – klar, es wird nicht mehr zum Nähren eines Säuglings gebraucht.
Jede Frau verliert einen großen Teil der subkutanen (unter der Haut liegenden) Fettschicht und kann eine deutliche Abnahme des Fett- und Feuchtigkeitsgehalts in der Haut beobachten. Sie erinnern sich an meine Feststellungen vor dem Spiegel zu Beginn dieses Kapitels?
Wenn wir uns nun vor Augen führen, daß die meisten Teile der weiblichen Anatomie, die sich nach der Menopause verändern, mit der Fortpflanzung zusammenhängen, ver-

stehen wir, was da vor sich geht und auch warum: Unser Körper muß sich nicht mehr auf die Ernährung eines Fötus einstellen, die entsprechenden Organe werden nicht mehr zur Erhaltung der Art benötigt – also werden sie zurückgebildet.

Ob wir jetzt aber die typischen Menopausensymptome bekommen oder nicht, können wir nicht beeinflussen. Es hängt alleine davon ab, wie schnell unser Körper die Östrogenproduktion einstellt, und diese Fähigkeit ist *vererbt.*

Bei raschem Östrogenverlust wird uns der sinkende Hormonspiegel sehr zu schaffen machen. Ich zitiere aus dem Buch »Östrogen« von Lila Nachtigall: »Hitzewallungen, Herzklopfen, Schlaflosigkeit, Taubheitsgefühl, ›Ameisenlaufen‹ und Kribbeln der Haut, ungewohnte Schmerzen, Kurzatmigkeit, Schwindel, Müdigkeit, Kopfschmerzen, Reizbarkeit und/oder Niedergeschlagenheit«.

Natürlich hat nicht jede Frau jedes dieser Symptome. Wenn wir aber darunter leiden, sei es unter einem, sei es unter mehreren – dann sind das nicht etwa Produkte unserer Einbildung, sondern handfeste, körperliche Beschwerden. Sie sind nicht lebensbedrohend, können uns aber übel mitspielen und uns mitunter sogar das Leben zur Hölle machen. Auch das können Sie in dem eben erwähnten Buch nachlesen.

Vielleicht sind Sie aber nicht in der glücklichen Lage, einen Arzt zu kennen, der Ihr volles Vertrauen hat und der sich dazu noch die Zeit nimmt, sich auf Ihre Fragen einzustimmen und Ihnen verständliche Antworten zu geben. Deshalb habe ich in diesem Buch eine Vielfalt von Informationen zusammengetragen, die Ihnen helfen werden, Ihre Situation zu verstehen und auch während des Klimakteriums und danach ein erfülltes und lebenswertes Leben zu führen. Denn mit den Wechseljahren geht ja das Leben noch lange nicht zu Ende.

Statistisch gesehen haben wir Fünfzigjährigen noch min-

destens ein Drittel unseres Lebens vor uns, und diese kostbare Zeit sollten wir nach besten Kräften nutzen.
Noch vor hundert Jahren erreichten nur etwa zehn Prozent der Frauen unser jetziges Alter. Infolgedessen war auch das Klimakterium, die Menopause, überhaupt kein Thema für ein breiteres Publikum. Für uns heute ist es eines, und wir stellen uns ihm.
In dem Kapitel »Wille zum Glück« werden Sie all das erfahren, was uns an moderner medizinischer Betreuung, an Ernährung, an Körperbewegung, an Freizeitgestaltung mit und ohne Partner, und vor allem auch an psychischer Unterstützung zu Gebote steht, das Leben im wahrsten Sinne des Wortes lebenswert zu machen. Und ich kann Ihnen jetzt schon verraten, daß ich mir das nicht nur angelesen oder erfragt habe. Ich habe mich selbst darangemacht und am eigenen Leib Erfahrungen für Sie gesammelt, die ich Ihnen vermitteln will, damit Sie den Problemen, die auf Sie zukommen werden, wohlvorbereitet begegnen können.
Jetzt freilich sind wir noch beim Kapitel »Ich bin keine dreißig mehr«, und unterdessen brauchen wir das nicht mehr zu betonen – wir wissen es nur zu gut. Es hat sich so vieles an uns und in uns verändert – wohlgemerkt nicht nur zum Negativen, wenn es zunächst auch so scheinen mag. Aber im Augenblick überwiegen doch die belastenden Anzeichen.
Ich habe mit vielen Freundinnen und mir bekannten Damen über *unser* Thema gesprochen. Es wurde – wie Sie lesen konnten – sehr offen und freimütig diskutiert, was uns unter den Nägeln brennt, und es hat eigentlich niemand ein Blatt vor den Mund genommen. Was mich aber noch interessierte, waren die »Frauen von nebenan«, Frauen, die ich nur vom Sehen kannte oder überhaupt nicht. Nur zu gerne wollte ich wissen, ob sie mir antworten würden, wenn ich ihnen intime Fragen stellte. Ich hatte ein wenig Angst davor, beruhigte mich aber mit dem Argument, daß uns alle

letztlich die gleichen Probleme beschäftigen, und schließlich ist geteiltes Leid halbes Leid. So versuchte ich es.
Wir haben lange und ausführlich Gedanken ausgetauscht. Ich war erstaunt über die Offenheit meiner Gesprächspartnerinnen, und ich habe zum Abschluß des Gesprächs allen dieselbe Frage gestellt: »Fühlen Sie sich alt?«
Die Mehrzahl der Antworten lautete ohne großes Überlegen: »Ich fühle mich nicht alt, soll mich aber alt fühlen. Ich werde alt gemacht.«
Ich werde alt gemacht. Das darf sich keine Frau gefallen lassen. Soweit kommt es noch, daß man uns in irgendeine verstaubte Ecke abschiebt, in der wir dann auch verstauben sollen.
Es geht um Frauen, die zwar nicht mehr der Schmelz der Jugend ziert, die aber einen reichen Schatz an Erfahrung in all ihr Tun einbringen können.
Es geht um uns Frauen, die wir genau wissen, wo wir stehen, ohne herumzulamentieren und Grabgesänge anzustimmen über die verlorene Jugend, die wir uns zu unserem Alter bekennen, ohne in Resignation zu verfallen und ein Einsiedlerdasein zu führen. Um Frauen, die sich ihrer Ausstrahlung und ihres Charmes bewußt sind und diese geschickt einzusetzen wissen, ohne sich der Lächerlichkeit preiszugeben. Um Frauen, die das Leben kennen, es trotzdem lieben und es atmen wollen. Um Frauen, die Verstand und Verständnis haben und sowohl das eine als auch das andere im Alltag anzuwenden in der Lage sind. Um Frauen, die mit Humor ihre Schwächen zeigen können und die »Blessuren«, die das Leben ihnen schlug, nicht als Niederlage ansehen, sondern sie mit Anstand und Würde und ohne Scham tragen.
Um Frauen, denen nichts Menschliches fremd ist, die mit Toleranz zuhören können, die ohne Argwohn ihre Meinung äußern und ohne Falsch einen Rat verschenken können.
Um Frauen, die mit Großmut urteilen und deren Stärke ihre Menschlichkeit ist.

Um Frauen, die mit Witz und Geist argumentieren und denen der Schalk nicht nur im Nacken, sondern auch auf der Zunge sitzt.
Um Frauen, die Licht und Wärme verbreiten und deren Anwesenheit einen Sonnenstrahl in jeden Raum zu zaubern vermag.
Um Frauen, deren natürliche Fröhlichkeit und Liebenswürdigkeit viel Unschönes und Böses mildert.
Um Frauen, deren Lächeln gewinnend und deren herzhaftes Lachen einfach umwerfend ist.
Es geht um Frauen, wie Sie und ich – *sein sollten*?
Es fiele uns selbstverständlich enorm viel leichter so zu sein, wenn die Menschen, mit denen wir leben, uns nicht vielfach irgendwelche Prügel zwischen die Beine werfen würden – oft ungewollt und unbewußt natürlich, aber eben doch Prügel, über die wir stolpern. Die Zeit ist reif, solchen Ignoranten einmal einen Spiegel vors Gesicht zu halten, in dem sie sich so sehen werden, wie sie uns darstellen. Gehen Sie mit mir in das nächste Kapitel und machen Sie mit mir eine »Abrechnung«.

Abrechnung

»Drei Arten von Männern sind unfähig,
Frauen zu verstehen:
die jungen,
die alten
und die mittleren Alters.«

(Irisches Sprichwort)

Und die, die dazwischen liegen, sind unsere große Liebe!
»Männer lassen lieben«, heißt das mutige Buch von Wilfried Wieck und dessen Quintessenz beschreibt der Verlag wie folgt:
»In einer faszinierenden Analyse und mit schonungsloser Offenheit beschreibt Wilfried Wieck die zerstörerischen Formen, mit denen die Männer den meisten Frauen begegnen, wie sie lieben lassen, anstatt selber zu lieben: Ich hatte immer gedacht, daß der Mann in der Beziehung der Starke ist, daß er die Frau stützt und ihr hilft. Nun lernte ich, daß das Gegenteil stimmt. Der Mann ist kraftlos und schwach, und die Frau hält ihn funktionstüchtig. Auf dieser Geborgenheit baut der Mann Konkurrenzsysteme auf, Prestigekämpfe und Macht. Alle wissen, daß eine seelische und globale Zerstörung droht, wenn es nicht gelingt, weibliche Werte zu verwirklichen . . .«
Dieses Buch ist deshalb so faszinierend, meine ich, weil es von einem Mann geschrieben wurde. Sie sollten es lesen. Viel ist es leider nicht, was uns die Literatur an männlicher Selbstkritik zu bieten hat. Da müssen schon wir Frauen selbst zu Maßnahmen greifen.
Die schriftliche Einladung zum großen Fünfziger-Jahr-

gangstreffen in meiner Geburtsstadt liegt auf meinem Bett. Dick und rot habe ich die verschiedenen Veranstaltungstermine angestrichen, um leichter die passende Kleidung aussuchen zu können: Ein heiteres, aber dezentes Ensemble für den Empfang beim Bürgermeister wandert in den Koffer. Schlicht und unauffällig das Kostüm für den Friedhofsbesuch, dann festliche Roben – ballerinalang – für zwei Abendveranstaltungen mit Tanz.
Mit Tanz? Erstaunt und etwas mißtrauisch bleiben meine Augen an diesem Satz hängen. Nach allem, was Frauen erlebten, mich eingeschlossen, seit die Zahl ihrer Lebensjahre mit einer Fünf beginnt, erscheint mir diese Planung geradezu grotesk. Meine Gedanken gehen wenige Monate zurück zu dem Tag, da ich das halbe Jahrhundert vollmachte.
In Vorbereitung auf mein großes Fest, das ich geben wollte, ließ ich im Gespräch mit meinem Mann einen Gedanken laut werden, der mich seit geraumer Zeit immer wieder beschäftigte: Mein liebes Kind, du wirst 50. Diese Vorstellung war mir unangenehm, und ich wußte nicht warum – noch nicht. Noch weniger wußte offenbar mein um zwei Jahre jüngerer Mann, als er mir liebevoll sagte: »Was machst du dir für Sorgen, du bist gesund und wirst geliebt.«
Richtig. Ich werde geliebt. Ich bin gesund. Aber schon platzt mir fast der Kragen. Denn genauso hätte er zu seiner Mama sprechen können. Auch sie ist gesund und wird geliebt.
Ich aber will mehr! Ich will begehrt werden, und das ganz entschieden!
Und während ich meinen schwarzen Pansamt-Rock gedankenverloren in den Koffer packe, erinnere ich mich an Helga G., die im Urlaub an der Bar saß und viel Spaß mit den männlichen Gästen hatte, von denen sie heftig umschwärmt wurde. Einer ging besonders hart an den Wind und machte ihr eindeutige Angebote. Sie aber hatte diesbezüglich kein Interesse und ließ nur zu Testzwecken in einem

Nebensatz fallen, daß sie demnächst ihren fünfzigsten Geburtstag feiern würde. Betretenes und dümmliches Grinsen war zunächst die Reaktion. Man glaubte ihr nicht. Wie stellt sich denn der Durchschnittsmann eine Fünfzigjährige vor? Ob ich die Leinenbluse von Jil Sander einpacken soll? Sie muß unbedingt mit. Sie steht mir, und ich werde sie auf der »Fahrt ins Blaue« tragen.
Und schon fällt mir meine Freundin Gisela S. ein, die sich an ihrem fünfzigsten Geburtstag besonders hübsch machen wollte für ihren Mann, für sich und für die Gratulanten natürlich. »Du brauchst gar nicht solche Klimmzüge zu machen, bei dir ist sowieso Hopfen und Malz verloren! Überleg doch mal, wie alt du wirst!« hörte sie da ihren galanten Mann ins Badezimmer rufen.
Helga G. drängt sich noch einmal vor mein geistiges Auge, die nicht nur im Urlaub Unglaubliches und Demütigendes erlebte: Sie ist in einer Arztpraxis mit Schreibarbeit, Abrechnungen und der Vergabe von Terminen beschäftigt. Eines Tages meint ihr Chef (sie war damals noch 49): »Meinen Sie nicht, daß die Patienten lieber ein junges Gesicht hier an der Anmeldung sehen wollen?«
Mein Chef ist da zum Glück anderer Meinung, er schätzt die Erfahrung einer »älteren« Dame in seinem Vorzimmer.
Ich setzte mich auf die Bettkante und überlegte, was ich sonst noch für meinen großen Auftritt beim Jahrgangstreffen brauche. Die Überlegung bringt kein Resultat. Die Bettkante beschäftigt mich, und ich höre jemanden sagen: »Schade, daß ich dich nicht in zwei 25jährige umtauschen kann.« Er kam sich dabei besonders geistreich und witzig vor.
Lotte E., die dieses »aufbauende« Kompliment von ihrem Mann zu Ohren bekam, schloß sich an ihrem denkwürdigen Geburtstag in das gemeinsame Schlafzimmer ein und verbrachte dort mehrere Stunden heulend und schluchzend auf ihrer Bettkante.

In der Angst, es könnte eines meiner Kleider noch einmal auf dem Fest erscheinen, nehme ich zusätzlich mein apartes Bonbonkleid aus dem Schrank. Dabei erinnere ich mich an einen langjährigen Bekannten, der mich mit seiner scharfen Zunge eigentlich immer sehr amüsiert hat. Der Spaß hörte für mich allerdings spätestens dann auf, als er mir den wohlgemeinten Rat gab, doch das Geld für die Geburtstagsfeier zu sparen und statt dessen eine Seniorenfahrt in den Bayerischen Wald zu unternehmen.
Aber es geht auch umgekehrt: Einen ähnlich besorgten Vorschlag machte nämlich die Ehefrau eines männlichen Geburtstagskindes aus meinem Bekanntenkreis. Jener und vier weitere »Jubilare« ließen bis in die frühen Morgenstunden die Korken knallen. Um die fünfte Stunde tauchte besagte Ehefrau im flotten Morgenrock auf und wollte die fröhliche Gesellschaft mit Wollsocken, Kniewärmern und Heizkissen ins Bett schicken, in das sie ihrer Meinung nach als alte Herren längst gehörten.
Ich bin immer noch am Kofferpacken. Dabei müßte ich eigentlich schon längst damit fertig sein. Aber jetzt ruhen meine Augen fast wehmütig auf dem Foto, das neben meinem Bett hängt und meine drei halbwüchsigen Kinder zeigt. Inzwischen sind sie alle sehr erwachsen, und ich könnte schon Enkel haben.
Doch was hat das mit dem Klimakterium zu tun? In meinem Kopf geht es wild durcheinander. Ich sehe mich gereizt und unverhältnismäßig heftig auf Bagatellprobleme reagieren. Ich höre mich mit lauter Stimme eine kleine Meinungsverschiedenheit mit meinem Mann austragen und fühle, wie mir das Blut in den Kopf steigt. Was ist jetzt mit mir los? Fange ich an durchzudrehen?
Mein kleiner Kater streicht mir schnurrend um die Beine und beendet meine Zornesaufwallung. Dabei gäbe es dafür allen Grund, wenn ich etwa an Martha M. denke, deren Mann ständig betont, für wie dringend er es ansieht, daß sie

bald Großmutter wird, damit sie endlich wieder eine Aufgabe bekommt. Er erhofft sich dadurch eine Frau, die ihm dann nicht mehr mit ihren Wechseljahrbeschwerden auf die Nerven geht.
Als ausgesprochenes Herzchen erwies sich auch der Bruder meiner Freundin Erika W., der sie an ihrem fünfzigsten Geburtstag mit den Worten begrüßte: »Hast du dir schon einen Termin beim Schönheitschirurgen geben lassen?«
Und wie ausgesprochen feinfühlig handelte der Kollege, der einer fünfzigjährigen Tennis-Jugendtrainerin riet, ihren bevorstehenden Geburtstag doch lieber vor ihren Schützlingen zu verschweigen. Es könnte doch sein, daß eine so alte Trainerin von den Kindern nicht mehr ernstgenommen würde.
Und während ich den unterdessen doch voll gewordenen Koffer schließe, beschäftigen sich meine Gedanken mit der attraktiven Traudel N., die sich über das Kompliment »Für dein Alter siehst du aber noch blendend aus« schwarzärgert. Was heißt hier: »Für dein Alter!«
Das alles ist demütigend und kränkend! Und wie von selbst drängt sich mir eine Passage aus Simone de Beauvoirs »Das andere Geschlecht« auf: »Nutzlos, ohne Rechtfertigung betrachtet sie die langen fruchtlosen Jahre, die ihr noch verbleiben, und murmelt: Wozu bin ich noch da?«
Und ich? Kann ich mich mit derlei Gedanken noch auf das Jahrgangstreffen freuen? Wozu das ganze Aufheben, wenn ich und mit mir all die armen Geschlechtsgenossinnen von nun an draußen stehen sollen, abgemeldet sind? Was also hat das mit der Fünfzig auf sich? Endstation Frust?
Woher nehmen man und Mann eigentlich das Recht, über Phänomene zu befinden, die sie weder beurteilen noch verstehen können? Man muß sie allesamt Lügen strafen, und deshalb gehe ich selbstverständlich zum Jahrgangstreffen! Ich bin genau in der richtigen Stimmung, nämlich in Hochstimmung! Und *wie* ich mich jetzt freue! Es wird für meine

Alterskameradinnen und mich ein Fest werden! So zurre ich die Riemen am Koffer stramm – er ist schön dick geworden – und schleppe ihn die Treppen hinunter ...

Das Jahrgangstreffen wurde ein voller Erfolg, ganz besonders für uns Frauen. Alle waren mit Phantasie und Geschmack frisiert und gekleidet, waren bester Laune und verbreiteten Fröhlichkeit und Lust am Leben. Die Jahrgänger männlichen Geschlechts – sichtlich entzückt – machten Komplimente, die die mit schmückenden Ohrringen versehenen Hörorgane der holden Weiblichkeit wohlwollend aufnahmen. Natürlich war keine abgemeldet. Natürlich stand keine »draußen«.

Wenig später hieß es sogar, daß zwischen einigen die Drähte geglüht hätten und daß so manches zarte Band in der Vertrautheit desselben Alters geknüpft worden sei. So manches Telefon soll bei der einen oder anderen seither öfter klingeln und – wer es nicht glaubt, frage nach – schon so manche Briefmarke mehr geklebt werden.

Trotzdem. Für mich war das keine Antwort auf die brennenden Fragen so vieler Frauen meines Alters. Es war auch keine Antwort auf *meine* Fragen. Ich mußte der Sache auf den Grund gehen, mußte mich selbst und andere genau beobachten, eventuelle Verhaltensveränderungen aufspüren und eine unbekannte Größe kennenlernen. Wie wird sie sein? Wie wird sie sich mir gegenüber verhalten? Wird sie mich ängstigen, mich verlachen, einschüchtern? Werde ich in Panik geraten? Oder wird sie mir Mut machen, mir zulächeln? Gibt sie mir Kraft und ein neues Lebensgefühl? Wird sie mich vertrauensvoll in die kommenden Jahre schauen lassen? Läßt sie mich froh und heiter meiner Wege gehen? Wird sie mir Freund sein?

»Gnädige Frau, haben Sie noch einen Wunsch?«

Ich zucke zusammen, schüttle heftig den Kopf – etwas zu heftig – und antworte schnell: »Nein danke.«

Ich sitze in einem gemütlichen Café in Wien. Wo denn sonst? Kaffeehäuser gibt es für mich nur in Wien. Ich habe meine »Melange« fast getrunken und beobachte ein älteres Paar, das am Nebentisch sitzt.

Ganz gegen meine sonstige Gewohnheit – die Frauen sind vorzugsweise meine Studienobjekte – beschäftige ich mich mit dem männlichen Teil dieses Zweiergespanns. Ein gepflegt aussehender Endfünfziger? Ich kann Männer schlecht schätzen, aber eines steht jedenfalls fest: Dieser ist weder vierzig noch siebzig. Und schon nach kurzer Zeit hat er es geschafft, daß ich reichlich ärgerlich auf ihn bin. Dabei habe ich vordergründig überhaupt keine Veranlassung. Denn von Zeit zu Zeit lächelt er – ganz Wiener Charme, wie ich mir einbilde –, zu mir herüber.

Zu Zeiten, als ich noch mit dreißig – bewußt weiblichen – Jahren im Gesicht durch die Lande flirtete, wäre es für mich eine logische Folge gewesen, daß auch ich dieses Lächeln munter und frech erwidert hätte – ohne Rücksicht auf seine Begleiterin, die ich vermutlich nicht einmal wahrgenommen hätte.

Heute aber empfinde ich solch ein Verhalten als Demütigung und Kränkung der Dame gegenüber, die an seinem Tisch sitzt. Ich brauche mich nur in ihre Lage zu versetzen – Rätsel gibt sie mir keine auf, auch sie ist eine Frau in reifen Jahren – um sofort dieses beklemmende Gefühl zu verspüren: Du wirst wie ein Restposten behandelt: zwar zur Not noch zu gebrauchen, aber eben übriggeblieben.

Was bildet sich dieser Kerl eigentlich ein? Ich setze meine Beobachtung fort und empfinde den Herrn vom Nebentisch zunehmend als »lächelndes Ärgernis«. Dieser ist weiter damit beschäftigt, nicht nur mit den weiblichen Gästen hier in Blickkontakt zu treten, nein, er kann sich auch noch weit über das Maß der normalen Höflichkeit hinaus mit der sehr liebenswürdigen Bedienung beschäftigen.

Seine Begleiterin scheint für ihn gar nicht anwesend zu sein.

Und mich macht so etwas wütend. Ich versuche *ihn* mit einem vernichtenden Blick zu bedenken, als ich an den beiden beim Hinausgehen ganz langsam vorbeiflaniere.
Es ist natürlich überhaupt nichts Außergewöhnliches, was ich da in Wien erlebte, solche Männer gibt es an jedem Ort der Erde, und selbstverständlich wissen Sie längst, worum es hier geht: Wenn eine naturbedingt schon belastete Frau dann noch mit einem Mann geschlagen ist, der ihr eine so demonstrative persönliche Geringschätzung entgegenbringt, kann es um ihr seelisches Gleichgewicht nicht gut bestellt sein.
Und wenn eine Frau, geplagt und gepeinigt von Eifersuchtsgedanken, schlaflose Nächte hat, weil ihr Angetrauter sie nicht einmal für würdig hält, ihr zu sagen, wo er steckt, um sie zu beruhigen, dann ist es seine Schuld, wenn ihre Gesichtszüge von Bitterkeit verdüstert werden. Jawohl, ich spreche hier ganz bewußt von Schuld und werde Ihnen im Laufe dieses Kapitels die Männer und die Gesellschaft so vor Augen führen, daß Sie mit mir einer Meinung sein werden.
Dazu gleich ein typisches Beispiel:
Wir besuchen mit Freunden einen Ball. Die Damen waren bezaubernd anzusehen, die Männer wie Herren. Es geschah weiter nichts Aufregendes. Es wurden die unbeliebten Pflichttänze absolviert, immer zwei Runden, dann Partnerwechsel. Die Herren an unserem Tisch hatten sich »durchgearbeitet«, hatten dem Anstand Genüge getan.
Die Tanzrunden wurden länger, und die Tänzer fanden sich bei *ihren* Damen ein. Aber nicht alle. Einer mußte buchstäblich aus der Reihe tanzen: Die Kapelle intonierte einen mitreißenden Cha-Cha-Cha. Mein Mann und ich wollten eine Pause einlegen, um eine Kleinigkeit zu essen, und beobachteten dabei eine merkwürdige Szene:
»Unser« Mann erhebt sich von seinem Stuhl, knöpft seine Smokingjacke zu und gibt ihr mit einer geschickten Hand-

bewegung noch den perfekten Sitz. Seine Begleiterin ist schon auf dem Sprung, muß aber halb sitzend und schon halb stehend mitansehen, wie ihr flotter Tänzer hurtigen Schrittes zielsicher quer über das Parkett eilt, geradewegs auf eine junge Dame zu, die ihr völlig unbekannt war, wie wir später erfuhren. Er verbeugte sich wohlerzogen vor ihr und scherzend glitten sie elegant über die Tanzfläche.

Der Gesichtsausdruck unserer Bekannten beim Anblick derartigen Geschehens war ein Gemisch aus verständnislosem Erstaunen, Entsetzen, blanker Wut, Enttäuschung und Sprachlosigkeit.

Wir waren etwas erstaunt über ihre heftige Reaktion und konnten uns zunächst keinen Reim darauf machen, denn wir empfanden sein Verhalten zunächst nicht als außergewöhnlich, schon gar nicht als Unrecht. Er hatte sie nicht allein am Tisch zurückgelassen – wir saßen ja da und schmausten – und außerdem sind bei einem solchen privaten Ball nur geladene Gäste anwesend, da kann man ohne weiteres auch mal eine Fremde zum Tanz führen.

Warum also diese Spannung?

Unsere Tischnachbarin muß wohl unsere fragenden Gesichter bemerkt haben, denn sie erzählte uns in Stichworten, daß ihr Mann, seit sie sich die Haare hatte kurz schneiden lassen, sich einen Sport daraus mache, seine Vorliebe für langes Haar vor Augen zu führen, das er ganz besonders schätze, wenn es zu einem Zopf geflochten ist – und diese Tanzdame hatte einen wunderhübschen Zopf. Bis zum heutigen Tag mache er ihr Vorwürfe, daß sie nicht seine Zustimmung zum Haareschneiden eingeholt und einfach selbst diese Entscheidung getroffen hatte.

Jetzt war mir die Sache schon verständlicher, und ich gab meinem Mann unterm Tisch einen kleinen Stups. Denn er hatte mich ja auch ganz schön in die Mangel genommen, als ich kurzentschlossen, und ohne ihn zu fragen, zwecks Kurzhaarschnitt den Friseur aufsuchte.

Ich empfinde dies als Bevormundung durch die Männer, die mich ärgert. Aber ich wollte mich an jenem Abend amüsieren und mir nicht über die Unarten der Männer den Kopf zerbrechen, und so versuchte ich mit dem Rat, sie solle doch ihrem Mann zu Weihnachten einen aus Hanf geflochtenen Zopf unter den Christbaum legen, der Sache eine heitere Wendung zu geben.

Aber der Ärger geht weiter: Haben Sie schon einmal versucht, mit ihrem Mann oder Lebensgefährten über Ihre jetzige Angst und Not zu sprechen, über die Probleme, die Sie mit dem Älterwerden haben? Haben Sie es schon einmal geschafft, ihn zu diesem Thema in ein fruchtbares Gespräch zu verwickeln?

Wenn ja, dann sind Sie die berühmte glückliche Ausnahme und können die nächsten Seiten überschlagen.

Wenn nein, können Sie vielen Leidensgenossinnen im Geiste die Hand reichen, und es wird Sie folgendes interessieren:

Man kennt ja sein Ehegespons, bildet sich wenigstens ein, es zu kennen, und glaubt nach all den Jahren des Zusammenlebens, wenigstens in wichtigen Dingen den richtigen Schlüssel zu haben, um den Gehörgang des Anzusprechenden öffnen zu können.

Man tastet sich also vor:

»Duuu, hast du überhaupt schon bemerkt, daß ich mich in letzter Zeit nicht sonderlich fühle?«

»Hm, wirklich? Nein. Kannst du das nicht ändern? Und habe ich das nicht gestern schon einmal von dir gehört?«

»Keineswegs. Gestern berichtete ich dir kurz über den Rheumaschub deines Bruders.«

Und während er, der »Gesprächspartner« weiter ganz Konzentration mimt und sich in das Buch vertieft, das er gerade in Händen hält, kommt allenfalls monoton aus ihm heraus, ohne daß er den Kopf hebt: »Vielleicht bist du krank. Geh' doch mal zum Arzt, das soll schon mehr Frauen in deinem

Alter geholfen haben. Außerdem siehst du doch, ich lese.«
Allerdings. Und mit dem Rat, zum Arzt zu gehen, hat er noch nicht einmal so unrecht, aber so sieht der Rettungsanker aus, den der Mann seiner Frau zuzuwerfen pflegt, wenn er sich durch »Weiberkram« belästigt fühlt.
Für die Frauen ist das aber nicht einmal der berühmte Strohhalm, an den sie sich in Ermangelung einer wirksameren Auftriebshilfe gern klammern möchten. Wer braucht denn in dem Augenblick Pillen oder Salben? Hier wäre Zuwendung und mitfühlendes Verständnis ein wahres Labsal. Traurig, daß sich Szenen wie die oben beschriebene, immer wiederholen. Und eines Tages sagt man sich dann, daß eine solche Nichtachtung der eigenen Person – und das in Folge – bestraft werden muß.
Nicht genug, daß etwa ab dem 45. Lebensjahr die Lebensqualität vieler Frauen spürbar herabgesetzt ist, da die Keimdrüsen ihre Tätigkeit einstellen und somit durch das Fehlen der Keimdrüsenhormone der natürliche Alterungsprozeß einsetzt, nein, es kommen noch Leistungsabfall in vielen Fällen und depressive Phasen hinzu. Und wie soll eine derart belastete Frau die Aufmerksamkeit, die Zuwendung ihres Partners erreichen?
Überlegen Sie mal, da ist die Auswahl nicht sehr groß. Und weil ich aus den Gesprächen nicht selten heraushörte, daß viele Frauen sich durch das »ewige Sportschau-Sehen« ihrer Männer frustriert und oft auch links liegengelassen fühlen, kam mir die Idee – bitte nehmen Sie die nicht allzu ernst – einfach mal zu sagen, daß die Sportschau ausfällt. Und ich verrate Ihnen nichts Neues, wenn ich Ihnen sage, daß die meisten Männer auf diesem Ohr sehr gut hören und blitzartig reagieren werden. Und Sie haben erreicht, was Sie wollten: Er hat Ihnen zugehört!
Aber ist es nicht zum Heulen, daß man sich solch unwürdiger Tricks bedienen muß? Und wie lange ist man imstande, den dazu nötigen Humor aufzubringen?

Wenn Sie dringend mit Ihrem Partner ein Gespräch führen wollen, dann können Sie ihm zum Beispiel einen Brief schreiben. Das wird ihn hellhörig machen, und es wird ihm der Ernst der Situation sehr schnell bewußt werden.
Sagen Sie ihm in dem Brief, daß Sie sich alleingelassen fühlen, und daß Sie mit ihm reden wollen. Es wird keinen Mann geben, der seine Partnerin dann nicht anhören wird – vorausgesetzt, er liebt sie.
Wenn Ihnen das Schreiben zu mühsam erscheint und Sie schriftlich nicht ausdrücken können, was Ihnen das Herz schwer macht, dann haben Sie den Mut, stellen Sie sich vor Ihren Mann und zwingen Sie ihn durch einen festen Ton in der Stimme – aber ohne zu schreien – Ihnen zuzuhören.
Wir Frauen haben eben in diesem einen Punkt dem Mann gegenüber den großen Nachteil, daß die Natur uns nach der Menopause nicht mehr braucht. Der Mann dagegen ist bis ins hohe Alter zeugungsfähig. Ob ihm das unbewußt oder gar bewußt ein völlig unangebrachtes Überlegenheitsgefühl gibt, – ein Gefühl, das er gedankenlos oder vorsätzlich zeigt und uns dadurch kränkt und wehtut?
Doch was machen jene Frauen, die nie gelernt haben, den Mund aufzumachen, die ein Leben lang geschwiegen haben zu allem und zu jedem und die jetzt von einem Tief in das andere fallen?
Manchmal versuchen sie, dagegen anzukämpfen. Aber oft finden sie sich nolens volens damit ab. Und das gerade dürfen sie nicht machen! Denn dann wird sich nie etwas ändern, nie etwas besser werden. Die Frau, die sich nicht wehrt, wird unbeachtet, ununterstützt bleiben von ihrem Mann und von der Gesellschaft. Und eben diese Gesellschaft ist noch nie zimperlich mit den Frauen umgegangen, die die Wechseljahre hinter sich haben. Sie wurden meist als alte Tanten, Omas oder Matronen abgetan oder gar der Lächerlichkeit preisgegeben. Falls die Frauen überhaupt über die Menopause hinaus lebten – die hohe Lebenser-

wartung ist ja eine Errungenschaft dieses Jahrhunderts – bestand ihr Lebensinhalt darin, Enkelkinder zu hüten, sich in der Küche nützlich zu machen oder aber in weitgehender Zurückgezogenheit zu verdämmern.
In einem sehr ernsten Gespräch mit einer Witwe unseres Alters erfuhr ich, daß die Gesellschaft mit Frauen ohne Mann fast noch unfreundlicher umgeht. »Die Witwenverbrennung findet noch immer statt«, sagte sie und erzählte mir von vielen bedrückenden Begebenheiten, die sie, seit sie Witwe ist, erleben muß!
Man wird ja als alleinstehende Frau schon mal überhaupt nicht mehr eingeladen. Denn in der Regel lädt die Dame des Hauses ein. Was mag da für ein tieferer Sinn dahinterstecken? Das ist nicht schwer zu erraten.
Als sie beim Einkauf eine Dame traf, die ihr durchaus bekannt war – man unterhielt sich auf dem Wochenmarkt über dies und jenes – und vor allem über jenes – fielen die folgenden Sätze:
»Ach guten Tag Frau Sowieso, wie geht es Ihnen denn so alleine?«
»Danke, ich komme zurecht, muß ja.«
»Wissen Sie, früher haben wir bei unseren Einladungen ab und zu auch Witwen gebeten. Aber das machen wir seit einiger Zeit nicht mehr, das ewige Gejammere ist meinem Mann und mir dermaßen auf die Nerven gegangen. Davon hat man doch nichts.«
Einer derartigen Taktlosigkeit ist nichts mehr hinzuzufügen. Es ist natürlich so, das erfuhr ich auch in meinem Gespräch mit der Witwe, daß jene Dame nicht einmal ganz unrecht hat und daß sich leider alleinstehende Damen in Gesellschaft in einer Weise produzieren, die dann wirklich unerträglich wird. Da wird dann zum Beispiel lauthals beklagt, daß alleinstehende Frauen das schwerste aller Lose zu tragen hätten, und daß auch unter diesen keine andere so mühselig und beladen sei wie gerade ... Ein so demonstrativ

zur Schau getragenes Selbstmitleid kann zu folgenschweren Mißverständnissen, ja sogar zu einer gewissen Abneigung führen.
Mit Schicksalsschlägen muß im Laufe des Lebens wohl jeder von uns fertigwerden, und das Alleinsein ist eine tragische Situation, die eine Frau genau dann überfällt, wenn sie mit »Besuchskindern« fertigwerden muß, mit dem Klimakterium zu kämpfen hat und der Blick in den Spiegel sie auch nicht gerade aufmuntert. Hier versagt die Gesellschaft, und sie muß sich sagen lassen, daß auch das zwanzigste Jahrhundert noch »mittelalterliche« Züge hat. In den Köpfen geistert zwar alles mögliche an Fortschritt und Erfolg herum, aber wie man eine Ehefrau, die von heute auf morgen Witwe ist, angemessen und menschlich behandelt, haben wir noch nicht gelernt.
Wie wäre es denn mit ein wenig mehr Verständnis, Güte? Oder ein anderer Vorschlag: Wir, die wir noch unseren Partner haben und dadurch in die Gesellschaft voll integriert sind, sollten uns ab und zu bewußt machen, daß nichts auf Dauer ist und daß auch wir ganz plötzlich alleine dastehen können. Was dann?
Zurück zu meinem Gespräch:
»Man kann anziehen, was man will, es ist immer falsch. Alles wird einem negativ ausgelegt«, sprudelt es weiter aus ihr heraus. »Außerdem ist man einem Leistungsdruck ausgesetzt, dem man nie und nimmer gerecht werden kann. Tapfer muß man sein. Stark muß man sein. Alleinsein muß man können. Jammern darf man nicht, fröhlich sein darf man aber auch nicht, ausgehen darf man nicht. Trotzdem bekommt man ständig zu hören, daß man sich überhaupt nicht mehr sehen läßt. Ist denn die Witwe ein Spielball der Gesellschaft?«
Ich habe ihr aufmerksam zugehört und bin in Gedanken ganz schnell meinen Bekannten- und Freundeskreis auf Witwen und Alleinstehende durchgegangen, um diese Be-

hauptung an der Praxis zu messen, und mich befällt ein gewisses Unbehagen. Die Gesellschaft, die hier so versagt, bin ja auch ich. Sind wir alle nicht verpflichtet, zu diesem Thema einen positiven Beitrag zu leisten? Dabei ist kein Mitleid gefragt. Nicht abgeschoben – amputiert kommt man sich ohnehin vor – nicht als halbwertig gehandelt zu werden, das wäre schon ein großer Fortschritt im Umgang mit der verwitweten oder alleinstehenden Frau.

Da gibt es dann so Schlagwort wie: »Der Mann muß seine Frau zur Witwe erziehen« oder die Hinterbliebene müsse »Trauerarbeit leisten«. Aber schon in der Bibel werden Witwen und Waisen als besonders hilf- und liebedürftig hervorgehoben. Und das hatte seinen guten Grund: Denn damals wie heute ist im Umgang der Menschen nichts selbstverständlich, und die Witwen mußten zu allen Zeiten vor der Bosheit oder Gedankenlosigkeit ihrer Mitmenschen geschützt werden.

Es gibt für die hier ganz besonders angesprochenen Frauen im Kapitel: »Wille zum Glück« viele Anregungen, mit denen sie versuchen können, ihrem Leben – einem Leben ohne den geliebten Partner – wieder einen neuen Sinn zu geben. Für uns aber, die wir »nur« mit unseren klimakterischen Beschwerden und Unpäßlichkeiten zu kämpfen haben, muß es ein Denkanstoß sein, der mit Leben gefüllt werden sollte.

Ist es die Tragik der alternden Frau schlechthin, daß sie von allen Seiten Tritte und Hiebe bekommt? Kann sie jetzt, da sie ihre Freiheit endlich entdeckt, nichts mehr mit ihr anfangen?

Die patriarchalische Gesellschaft hat allen weiblichen Funktionen die Gestalt einer Fron gegeben. Die Frau entgeht der Fron erst in dem Augenblick, da ihr jede Wirkungsmöglichkeit versagt ist. Mit fünfzig Jahren wähnt sie sich oft noch im Vollbesitz ihrer Kräfte, fühlt sie sich reich an Erfahrungen. Genau in diesem Alter gelangt der

Mann zu den höchsten Stellungen, den wichtigsten Posten: Sie aber wird abgedankt. »Man hat sie nur Hingabe gelehrt, und nun will niemand mehr etwas von ihrer Hingabe wissen«, heißt es bei Simone de Beauvoir in »Das andere Geschlecht«, und Lila Nachtigall schreibt in ihrem Buch »Östrogen«: »Zum Teil wurden die Frauen in diesem Lebensabschnitt sogar unterdrückt und abgewertet, weil die gesellschaftlichen Regeln und Vorurteile von Männern gemacht sind – mit weiblicher Duldung.«

Die Frauen wurden früher wie ein Besitz behandelt. Die Männer haben bestimmt, was an ihnen erwünscht, schön und nützlich ist. Mit Frauen, die nicht mehr zur Fortpflanzung taugten, hatten sie wenig im Sinn. Aber die Zeiten haben sich – welch ein Glück für uns – geändert. Die Mitte des Lebens hat eine Aufwertung erfahren durch die Frau von heute. Selbsthilfe heißt das Gebot der Stunde. Und wer sollte es uns Frauen verdenken, daß wir zum Kampf blasen und uns gegenseitig stärken, indem wir die Waffen *füreinander* wetzen und nicht gegeneinander!

Es gibt da einen bösen Spruch: »Der größte Feind der Frauen ist die Frau.« Klingt das nicht unglaublich? Aber Hand aufs Herz, fällt es uns nicht unheimlich schwer, das fabelhafte Aussehen einer Bekannten oder auch einer fremden Frau neidlos anzuerkennen? Können wir es ihr ehrlichen Herzens sagen, ohne jeden neidischen Unterton, ohne Konkurrenzdenken? Gönnen wir den Müttern in unserem Bekanntenkreis so ohne weiteres ihre erfolgreichen Kinder, während unsere womöglich »Ehrenrunden« in der Schule gedreht haben und »ewige Studenten« sind?

Die gute Partie, die die Nachbarstochter gemacht hat – sticht sie uns ins Auge, während unsere Tochter für unsere Begriffe völlig »daneben« geheiratet hat?

Und wie verhalten wir uns, wenn in einer Gesprächsrunde über eine Geschlechtsgenossin gelästert wird?

Findet sich eine, die sie verteidigt, die den anderen die

Mäuler stopft? Oder ist es nicht vielmehr so, daß man zwar vielleicht mit schlechtem Gewissen schweigt, aber sich doch sehr deutlich ein nicht sehr nobles Gefühl der Schadenfreude breitmacht?
Wenn die Frauen doch nur besser zusammenhalten wollten! Wenn sie nur eine Front bildeten gegen die Arroganz mancher Männer und sich nicht gegenseitig in den Rücken fielen im unwürdigen Kampf um einen Platz an einer behaarten Männerbrust!
Wen wundert es dann noch, daß sich die Männer dementsprechend aufführen? Es wird ihnen doch zu leicht gemacht. Sie müssen nur ein klein wenig balzen und mit Männchengehabe den Bizeps spielen lassen, und schon vergißt die Freundin die Freundin, die Kollegin die Kollegin.
Es ist kein Verlaß auf das eigene Geschlecht!
Und in diese traurige Bilanz bohrt sich der Stachel des Älterwerdens, tickt die Lebensuhr unaufhaltsam und unüberhörbar weiter, und die Zeit rinnt uns durch die Finger.
Das ist eine Tatsache. Tatsache ist aber auch, daß uns das alles nicht in dem Maße belasten müßte, wie es so häufig den Anschein hat. Ich habe mehr als einmal zu meinem Mann gesagt, daß ich ihn dafür verantwortlich machen würde, falls ich mal herumspinnen und wegen meines Alters Zustände bekommen würde.
Man weiß ja unterdessen Bescheid, muß immer damit rechnen, daß die Männer glänzende Augen bekommen, wenn sie eines reizenden Mädchens ansichtig werden, und daß der Blick einen stieren Ausdruck bekommt, wenn er an einer bestimmten Körperstelle dieser jungen Dame haften bleibt. Daß sie sich dabei lächerlich machen, hat wohl noch keiner von ihnen gemerkt.
»Liebe ist: gemeinsam in die gleiche Richtung schauen.« Und so sollten wir eben unseren männlichen Begleiter auf eine herannahende »Versuchung« aufmerksam machen, *bevor* er sie seinerseits bemerkt. Und das immerzu und über-

trieben. Irgendwann wird unsere List dann bemerkt werden und das Herumgeglotze wird mit Sicherheit weniger werden, (wenigstens in unserer Gegenwart).
Und wenn wir so keinen Erfolg haben? Werden wir resigniert und scheintot an der Seite eines Gockels unser Dasein fristen, ergeben in ein Schicksal, gegen das wir uns unbedingt auflehnen müßten? Mir kommt die »abgelegte« Begleiterin des »lächelnden Ärgernisses« vom Kaffeehaus in Wien in den Sinn, und ich kann mir ohne Schwierigkeiten vorstellen, daß sie zu diesen bedauernswerten Geschöpfen zählt.
Und was mag sich in solch einer vertrockneten Zweierbeziehung im hauseigenen Schlafzimmer abspielen? Will ich mir das ausmalen? Doch auch in uns Frauen, die wir die Menopause hinter uns haben, lebt noch immer das heiße Sehnen nach Erotik. Und hier fällt mir die tragische Figur der alten Mary Carson aus »Dornenvögel« ein: »In diesem Körper bin ich noch jung – ich fühle, ich träume, ich habe meine Sehnsüchte und Wünsche.«
Auch wenn wir keine Romanfiguren sind, träumen wir noch immer von den leidenschaftlichen Höhenflügen, die wir mit unseren Männern erlebt haben und heute nur noch so selten erleben dürfen.
Hat unser Körper noch die Anziehungskraft von einst? Sind wir noch begehrenswert? Wo ist das ungestüme Drängen unserer Männer geblieben, das in uns bei jeder innigen Berührung eine spürbare Reaktion hervorrufen konnte? Statt dessen gibt es heute Schweißausbrüche aus einer Mischung von Enttäuschung und ohnmächtiger Wut, weil die so selten gewordenen sogenannten zärtlichen Stunden nur allzuoft mit Fernsehen eingeläutet werden. Werden wir denn nur noch wahrgenommen, wenn unser Körper gebraucht wird zur Entladung für den Körper des Mannes?
Wie dick muß es eigentlich noch kommen, daß wir die Hoffnung auf ein Wunder aufgeben, daß wir uns das nicht mehr

bieten lassen? Wer von uns wurde nicht einstmals fast jeden Morgen mit einer sinnlich flüsternden Stimme geweckt, die uns den eben begonnenen Tag schon wieder vergessen machen konnte, die uns als eine aufregende Verheißung auf die kommende Nacht durch den ganzen Tagesablauf begleitete? Heute wird man mit einem Onkelkuß in den Tag entlassen, und man weiß ganz genau, wie der Abend verlaufen und enden wird.

Was veranlaßt eigentlich die Männer, unseren Körper seit geraumer Zeit mit einer solchen Gleichgültigkeit zu bedenken? Warum sollen wir ins Nichts fallen, während das Blut in unseren Adern kocht? Am Angebot kann es nicht liegen, daß die Nachfrage nicht mehr geregelt ist.

Ein bedrohlich gefährlicher Gedanke muß sich doch da in ein ohnedies schon angeknackstes Selbstwertgefühl fressen, und die Frage liegt auf der Hand: Was geschieht neben mir?

Gibt es etwa eine andere? Eine Jüngere? Eine Frau, mit der ich rechnen muß? Und dann kommt die Angst vor dem Vergleich, eine Angst, die jede Frau ab einem gewissen Alter befällt, wenn sie nicht in ihrem Selbstbewußtsein gestärkt, nicht in ihrer weiblichen Ausstrahlung durch Zärtlichkeiten – seien sie nun gesprochen oder durch Gesten kundgetan – ermuntert und aufgebaut wird.

Und das ist die Ursache allen Übels: Die Männer versagen in der Ausübung ihrer nobelsten Eigenschaft als ritterlicher Partner. Anstatt sich auf ihre tolerante, charmante und liebeserfahrene Partnerin zu besinnen, glotzen sie jedem jungen Blut nach, stellen den Kamm und wähnen sich ganz Richard Chamberlain, Mr. Bodybuilding Arnold Schwarzenegger, Götz George, Michael Douglas und Reinhold Messner und das alles in einer Person. Und dieses Schmierentheater sollen wir uns ansehen und womöglich auch noch applaudieren.

Nein, meine Herren! Mit uns nicht!

Wir haben Euch längst durchschaut und wissen wohl zu unterscheiden zwischen Fatzke und einer ganz natürlichen Freude am ästhetischen Anblick einer jungen Frau.
Wir teilen diese Freude ja sogar und können uns ohne Schwierigkeiten in eine Zeit versetzen, da *wir* das Objekt der aufmerksamen Blicke der Männer jeder Altersgruppe waren. So lange ist es nun auch noch nicht her, und die Männer haben sich nicht geändert.
Aber mich sticht doch manchmal der Hafer, wenn ich eine meiner Töchter mit zum Einkaufsbummel nehme und aus einem Augenwinkel heraus beobachte, wie Männer jeder Altersgruppe ihr aufreizend freche Blicke zuwerfen. Dann glänzen ihre Augen, und ich spüre, wie sie im Vollbesitz ihrer Weiblichkeit das prickelnde Gefühl genießt. Ich verfalle dann nicht in Neidgefühle. Es kommt mir auch nicht in den Sinn, mit ihr in Konkurrenz treten zu wollen. Ich habe nur die Hoffnung, daß meine Tochter dererlei Szenen zwar genießt, ihnen aber doch nicht eine allzu große Bedeutung zukommen läßt.
Nichts ist einfältiger, als sich darauf etwas einzubilden und zu meinen, man wäre die einzige, die dergestalt bewundert wird. Denn die Männer haben einen ausgeprägten Sinn für *alles* Schöne, und ihr Herz ist groß und ihre Sammelleidenschaft fast unersättlich.
Aber leider machen sie sich damit nicht nur lächerlich, sie können auch einen fast nicht mehr gutzumachenden seelischen Schaden mit ihrem Gehabe bei ihrer Frau anrichten. Ich werde Ihnen von einem Besuch einer Freundin erzählen, der mich reichlich belastet hat. Wir saßen gemütlich am Kamin, doch sie schien mir unaufgeräumt, denn sie verdrehte und zerknüllte mit nervösen Fingern die Papierserviette, die ich ihr zum Gebäck reichte.
Ich ahnte nichts Gutes, als ich bemerkte, daß ihre Augen sich mit Tränen füllten, und ich wartete darauf, daß sie endlich über das Problem sprechen würde, das sie offenbar

tief getroffen hatte. Und irgendwann war es ja dann auch heraus: Ihr Mann hatte sie betrogen und betrügt sie noch immer.

In diesem Augenblick wollte ich in jeder anderen als in meiner Haut stecken. Denn was sagt man einer Freundin, wenn man so etwas hört?

Um ihr auf alle Fälle mein Mitgefühl kundzutun, stellte ich ein paar passende Worte zum Thema in den Raum:

»Dein Mann ist ein Schuft, ein Scheusal, ein Monster. Sein Benehmen ist niederträchtig und entbehrt jeglichen Feingefühls.« Mit dieser Feststellung war schon eine »gute Ausgangsbasis« für alle weiteren Überlegungen geschaffen. Als sie mir dann die Vorkommnisse schilderte, vor deren Hintergrund sie ihre Schlüsse zog, war die Sachlage nicht mehr ganz so ernst, so schien es mir jedenfalls.

Es waren Vermutungen und Verdächtigungen, die durch nichts belegt werden konnten. Bei ihr kam all das zusammen, was ich an manchen Männern so unausstehlich finde: Gleichgültigkeit, Imponiergehabe, schamloses Flirten, Nichtachtung der immer noch lebendigen erotischen Wünsche ihrer Frauen, Kälte, Lieblosigkeit. Das alles konzentriert auf eine einzige Frau und noch dazu von dem eigenen Mann, muß zu einer krankmachenden, blinden Eifersucht führen, die einer Frau in unserem Alter völlig das Gefühl des Geborgenseins nimmt.

Haben wir nicht alle mehr oder weniger die Furcht vor dem Betrogenwerden? Meist ist sie wie ein Flaschengeist irgendwo eingeschlossen. Aber wehe, sie entschlüpft und geistert ungehindert durch das Haus, verfolgt uns auf jede Veranstaltung, zu jedem Konzert, jedem Ball, kurz – überall hin, wo sich vermeintliche Konkurrenz in gefährlicher Nähe des Angetrauten befinden könnte!

Da wäre oft ein einziger Satz, von *ihm* ins Ohr geflüstert, in einer für uns fast unerträglichen Situation so hilfreich, z.B.: »du siehst bezaubernd aus« oder auch mal wieder: »ich liebe

dich«. Diese paar Worte ließen alle wirren Gedanken sich in Luft auflösen.
Ist es denn um alles in der Welt so schwer für den »Herrn der Schöpfung«, sich wie ein liebender Ehemann zu benehmen? Auch noch nach dreißig Jahren, die sicher nicht nur eitel Sonnenschein bescherten? – Warum auch? Schließlich leben wir auf der Erde und nicht in einem Wolkenkuckucksheim, sind Menschen und keine Fantasiegebilde. Also, nicht nur eitel Sonnenschein, aber eine ganze Reihe von zufriedenen, glücklichen, ausgelassenen, besinnlichen, von echtem Leben erfüllten Stunden, Tagen, Monaten, Jahren!
Und dabei könnte er mit so wenig so viel erreichen! Er weiß es doch – müßte es jedenfalls wissen, wo er doch sonst so schlau ist. Aber es passiert nichts, und die Frau und Lebensgefährtin wird sich selbst überlassen.
Wen wundert es da noch, wenn sie lustlos, gereizt und brummig ist, schwunglos und »fad«, ohne inneren Antrieb ihren Alltag durchstöhnt? Ein Teufelskreis schwebt über ihrer Zweierbeziehung und hat den guten Stern verdrängt.
Er ist teilnahmslos und desinteressiert an ihrem Leben. Das macht wiederum *sie* ungeduldig, zugeknöpft und kühl, was wiederum *ihn* bestärkt in seiner abweisenden Haltung und *ihr* Wasser auf die Mühle der Ich-bin-für-ihn-Luft-Haltung gießt.
So haben wir Frauen uns unser ruhiges Leben nach den bewegten Jahren mit Existenzgründung, Zusammenraufen und Kindererziehung nun wirklich nicht vorgestellt. Und deshalb wird es nicht akzeptiert. So nicht.
Aber wer wird uns im Kampf gegen die Männerwelt unterstützen?
Die Gesellschaft? Wir Frauen uns gegenseitig?
Leider nur bedingt, nur zu bedingt.
Unsere Gesellschaft ist noch immer eine Männergesellschaft – wem sage ich das? Unsere Gesetze werden großteils von Männern gemacht, und dementsprechend sind sie.

Außerdem sprechen Zahlen Bände: nur vierzehn Prozent der Dozenten und Professoren an Kunsthochschulen sind Frauen. Und wenn man die Prozentzahl aller weiblichen Professoren an unseren Universitäten ausdrücken möchte, dann kommt man auf arme zweikommasieben Prozent. Schwache siebzehn Prozent der weiblichen Künstler, so ermittelte jüngst eine Studie des Wissenschaftsministeriums, geraten irgendwann einmal in die Nähe von existenzsichernden Einkünften. Bei den Männern sind es immerhin neunundvierzig Prozent.

Nicht eine Ministerpräsidentin gibt es in unseren Bundesländern im Augenblick, von einem weiblichen Kanzler wird so schnell auch nicht die Rede sein. Und eine ausgesprochen beschämende Situation stellt der Vergleich zwischen dem Verdienst der männlichen und weiblichen Angestellten dar: Im Durchschnitt bekommt die Angestellte fünfzig Prozent weniger auf ihr Konto als ihr männlicher Kollege. In allen Dienstleistungsbereichen hinken die Frauen – aber nur was die Bezahlung angeht – immer noch beträchtlich hinterher. Kann uns eine derartige Minusbilanz frohmachen? Wir müssen zur Selbsthilfe greifen, und zwar geistreich und witzig, mit Einfallsreichtum und Selbstbewußtsein.

Nur so wird es gehen! Lassen wir uns nichts bieten! Von niemandem! Nicht von unseren Männern und nicht von irgendeiner Institution, hinter der sowieso ein Mann stehen wird. Haben wir nie das Gefühl des Unterdrücktseins, des »Wir sind nicht mehr jung, also auch nicht mehr gefragt«. Das gibt es nicht. Es gibt nur eins: unsere Lebensfreude und unsere Lebensbejahung.

Viel habe ich Ihnen schon von mir erzählt, und es wird in diesem Buch auch immer wieder etwas aus meinem Leben eingestreut sein. So habe ich einen festen Satz, der immer dann herhalten muß, wenn ich glaube, daß mir jemand ans Leder will. Dieser herrliche Satz lautet: Mit mir nicht!

Sie müssen das ausprobieren. Es wirkt wie eine innere Kor-

settstange, Sie bekommen die richtige Einstellung zu handeln, und finden fast automatisch zur solidarischen Erweiterung dieser Aussage: »Mit uns nicht«.
Denken Sie einmal an die Unzahl von beleidigenden und unwürdigen Witzen, die im Umlauf sind und die obendrein noch unintelligent und schlecht sind. Wie diskriminierend wird die Frau unserer Jahrgänge da oft geschildert und dargestellt!
Und haben Sie jemals erlebt, daß in solch einer Runde von ordinärem Gelächter auch nur einer eine Lanze für seine Frau, für die Frauen überhaupt, gebrochen hätte? Sollten Sie Zeuge derartiger Szenen werden, dann melden Sie sich lautstark zu Wort und sagen Sie, daß Damen am Tisch seien.
Aber es gibt ja derlei üble Geschichten auch in vielgelesenen und weitverbreiteten Zeitungen, und die Dummheit nimmt kein Ende. Selbstverständlich können wir uns sagen, daß uns der ganze Negativrummel um die reife Frau kaltlassen kann. Wir können so tun, als ginge er uns überhaupt nichts an. Geht er uns wirklich nichts an? Er geht!
Bei den Gesprächen, die ich führte, bin ich nicht *einer* Frau begegnet, und sei sie noch so selbstbewußt, die sich nicht durch irgendwelche Einflüsse von außen belastet fühlte und dadurch mit ihren ohnedies vorhandenen Problemen schwer zurandekam. Sicher, die eine ist mehr, die andere weniger davon betroffen. Aber zwischen den Mühlsteinen des Abgehalftertseins fühlen sich viele zerrieben.
Dieser Zustand bedarf einer gründlichen Korrektur. Ein gewaltiges Umdenken und Umhandeln muß stattfinden, und jede von uns muß darum kämpfen. Führen Sie Gespräche mit Ihren Freunden. Bringen Sie das bewußte Thema auf den Tisch – ganz besonders auch dann, wenn Männer mit von der Partie sind.
Sagen Sie unerschrocken und ohne Minderwertigkeitsgefühle, was Sie denken, und womit Sie zu kämpfen haben,

was Ihnen an der Gesellschaft und Ihrem Partner nicht gefällt, und wie Sie sich durch sie ins Abseits gedrängt fühlen. Machen Sie keinen Hehl daraus, daß Sie das allgemeine Verhalten mißbilligen, daß Sie in der Lage sind, sich zu wehren und daß Sie gegebenenfalls ihre Konsequenzen daraus ziehen werden.
Sagen Sie auch klar und deutlich, daß das gedankenlose Dahergeschwatze gegen die reife Frau und ihre Eigenschaften ein Bumerang bedeutet für den, der sie losläßt.
Denn es liegt ja klar auf der Hand: Wenn ein Mann sich geringschätzig über seine Gefährtin äußert, so spricht das in erster Linie gegen *ihn*. Denn man wird sich alsbald fragen, warum er sie sich denn ausgesucht hat?
Lesen Sie ab und zu Märchen? Oder haben Sie schon Enkel, und lesen ihnen vor? Dann werden Sie feststellen, daß in den Märchen allgemein jung und schön gleichbedeutend ist mit liebenswert und gut, während alt und häßlich gleichbedeutend ist mit bösartig und schlecht.
Und so wird von Kindheit an ein Bild geprägt, das nicht mehr zurechtzurücken ist. Muß es denn naturgegeben das Negativbild des Alters sein?
Heute noch beschäftigt mich eine Begebenheit, die sich vor vielen Jahren zutrug, als meine Schwiegermutter zu Besuch war und mein kleiner Sohn auf ihrem Arm einen Keks mampfte. Das Kind war etwa drei Jahre alt, hatte also von jung oder alt keine Ahnung.
»Gib doch mal der Omi ein Küßchen«, sagte ich zu ihm. Darauf kam sein drolliges Kinderstimmchen: »Ich schmuse nicht mit Alten – bloß mit Neuen.« Wir lachten natürlich über diese unbekümmerte Art des Kleinen und dachten nicht weiter darüber nach, ob die damals Anfang der Fünfziger stehende Omi nicht tief verletzt war, es ihr sogar wehtat? Heute überlege ich natürlich, wie weit verbreitet die Gedankenlosigkeit der jungen Menschen ist – ich meine jetzt gleichermaßen uns damals und die heutige junge Genera-

tion – getragen von der Einbildung, die ewige Jugend gepachtet zu haben. Dazu kommt dann noch vielfach eine beleidigende Nachsichtigkeit – eine Geisteshaltung, die einem angst und bange machen könnte, hätte man nicht heutzutage die Möglichkeit, sich herauszukatapultieren, sich neben den Topf zu stellen, in dem die schlecht gewürzte und viel zu heiß gekochte, mit miserablen Zutaten bestückte Suppe der Miesmacher brodelt. Und in diesen großen Topf würden sie uns nur allzugerne mithineinwerfen, umrühren, und fertig wäre das Bild der Frau um die fünfzig, wie sie sie gerne sehen würden.

Bedauernswerterweise begegnet einem dieses Bild auch noch ab und zu. Wir haben die Aufgabe, durch unser Beispiel das Negativbild von unseren Jahrgängen in positiver Weise zurechtzurücken. Attribute wie »alte Fregatte«, »hysterisches Weibsbild«, »meine Alte« oder auch »Oma« sind leider heute noch immer im Sprachgebrauch.

Was soll das?

Als ob es eine Schande wäre, älter oder alt zu sein. Es ist allenfalls eine Schande, eine reife Frau derartig abschätzig zu titulieren.

Aber wir Frauen haben es ja in der Hand, daß diese Ungehörigkeiten endlich aufhören.

Wenn wir nachlässig mit unserer Figur umgehen, mit ungepflegtem Haar herumspazieren, unser Benehmen *nicht* aus unserer Erfahrung und erworbenem Allgemeinwissen resultiert, wenn unsere Kleidung und unsere Gesamterscheinung eher eine Beleidigung für den Betrachter sind als ein Augenschmaus, dann dürfen wir uns über derlei Beinamen nicht wundern. Es wird selbstverständlich immer welche geben, die dem Leben abhold sind, mit sich und der Welt in einträchtiger Wurstigkeitshaltung vor sich hinleben, kein Interesse an gutem Aussehen und adretter Erscheinung haben, und die es sich obendrein noch gefallen lassen, wenn man sie übel anspricht, ohne lange darüber nachzudenken. Diese

Wesen sind nicht etwa die, die vom Schicksal gebeutelt wurden, die Sorgen und Kummer gedrückt und gebeugt haben, es sind vielmehr jene, die das Image unserer Generation verderben, und um deretwillen es heißt, die klimakterischen Frauen seien hysterisch, krankhaft eifersüchtig, schlecht angezogen und stets mies gelaunt.
Haben wir es denn nötig, uns mit irgendwelchen Komplexen zu beladen? Die Männer werden doch auch nicht jünger, jammern manchmal sogar mehr über ihre Alterserscheinungen als wir. Sie erinnern sich an meinen Jugendfreund? Er hatte solche Probleme, und schleppte sie mit sich herum. Haben Sie jemals gehört, daß eine Frau derart abfällig über die in die Jahre gekommenen Männer gesprochen und gelästert hat, wie das umgekehrt – wie wir unterdessen wissen – landauf landab der Fall ist? Der alternde Mann ist nun wirklich auch kein Adonis mehr, aber wer machte sich von uns darüber lustig, wenn der Bauch über den Hosenbund hängt, der Scheitel immer breiter wird, gegen die angetrunkene Leber ein Pülverchen genommen werden muß, und das Sodbrennen mit einer Tablette unterdrückt wird? Wer macht hämische Kommentare, wenn beim flotten Tanzen mit einer jungen Maid alsbald die Bar aufgesucht wird, um die durch zu viele Zigaretten verursachte Kurzatmigkeit zu verbergen und sich womöglich anhören zu müssen: »Na Alterchen, Ihnen ist wohl die Puste ausgegangen?«
Derlei Schwächen einzugestehen, liegt eigentlich nicht im Naturell des Mannes, – allerdings, Ausnahmen bestätigen die Regel. Diese Regel ist freilich, daß die Männer zwar zu Hause ihre Wehwehchen pflegen und sich von der »Oma« bemuttern lassen. Aber schauen Sie sich ein solches Exemplar einmal an, wenn die Haustür hinter ihm ins Schloß fällt: Da schwingt man sich dann behend und elastisch in den Wagen – Kunststück, wenn die Ehefrau am Abend zuvor den Rücken mit Rheumasalbe einmassiert hat.
Man speist mit der Sekretärin die Speisekarte hinunter und

herauf – man kann es sich ja leisten, denn auf den Magen achtet die liebende Gefährtin mit Haferschleim und leichter Kost am heimischen Tisch. Mit den Kollegen gibt es Trinkgelage bis in die frühen Morgenstunden – kein Problem, das Pillendöschen mit den neutralisierenden Tabletten steckt immer in der rechten Sakkotasche – *sie* hat noch nie vergessen, sie dort hineinzustecken.

Das ist *unsere* Antwort auf die wachsenden Schönheitsfehler unserer Männer!

Und gerade die wagen es, uns zu verunsichern, uns durch ihr bloßes Benehmen und Gehabe Tausende von Fragen zu suggerieren, uns an uns selbst zweifeln zu lassen!

Es sind dieselben Männer, die bei ihrer Partnerin, womit sie auch ankommen mögen und was immer sie belastet, rund um die Uhr ein offenes Ohr finden und auf liebevolles Verständnis bauen können. Stets macht sie sich seine Sorgen zu den ihren, grämt sich noch immer, wenn er schon längst wieder zur Tagesordnung übergegangen ist und neue Aufgaben und neue Ereignisse ihn beschäftigen. Sie macht sich nur Luft, wenn sie zu ersticken droht und wenn sie seine Gleichgültigkeit ihren Problemen gegenüber nicht mehr zu ertragen imstande ist. Dann erst meldet sie sich zu Wort – falls sie zu Wort kommt. Denn entweder wird ihr überhaupt nicht zugehört, wie am Beispiel der »Notbremse Sportschau« zu sehen war, oder aber sie wird mit irgendwelchen Fachausdrücken oder Fremdwörtern vom Platz gefegt, mit Argumenten mundtot gemacht, denen sie zu folgen nie gelernt hat, weil sie auch nie die Möglichkeit dazu bekam.

In unserer Tageszeitung gab es einmal einen Artikel: ›Die Männer reden die Frauen an die Wand‹. Eine völlig neue Erkenntnis, die die Sprachwissenschaftler hier zutage gefördert haben. Sie haben nämlich herausgefunden, daß es einen typisch weiblichen und typisch männlichen Redestil gibt. Der Artikel von Kester Schlenz sagt unter anderem, daß Männer nicht nur länger sprechen als Frauen und da-

durch einen größeren Einfluß in einem Gespräch gewinnen, sondern sie legen darüber hinaus auch einen viel aggressiveren Sprachstil an den Tag. Die Männer unterbrechen ihre Gesprächspartner z.B. sehr viel häufiger, als es weibliche Redeteilnehmer zu tun pflegen. Quintessenz: Männer versuchen zu herrschen, wenn sie sprechen.
Wir wußten das doch schon lange! Und vielleicht führte dieser Tatbestand eben dazu, daß Frauen zu »Schwatzbasen« und »Tratschweibern« gemacht wurden.
Aber auch Simone de Beauvoir bricht für ihre Geschlechtsgenossinnen eine Lanze. Unter der Überschrift: »Männliche Überlegenheit« stellt sie fest, daß der Mann im Gespräch in der Regel leicht mit der Frau fertig wird, daß er ihr nachweisen wird, daß *er recht* und *sie unrecht* hat. Sie schreibt wörtlich: »In den Händen der Männer wird die Logik oft vergewaltigt.« Und fährt fort: »Er sucht nicht Gefühle, Reaktionen zu verstehen, die sie nicht zu rechtfertigen vermag, die aber tief in ihr verwurzelt sind. Sie versteht nicht, was es Lebendiges in der pedantischen Logik geben kann, mit der ihr Mann sie plagt. Er geht so weit, daß er sich über eine Unwissenheit aufregt, die sie ihm jedoch nie verheimlicht hat, und stellt ihr herausfordernd astronomische Fragen.« Und sie kommt zu dem Schluß: »In einem Kampf, in dem ihr intellektes Unvermögen sie dazu verurteilt, sich ständig geschlagen zu geben, bleibt der Frau keine weitere Zuflucht als Schweigen, Tränen oder Heftigkeit.«
Wenn man dann seine ohnmächtige Wut hinausschreit, oder, wenn es noch schlimmer kommt, eine Vase auf den Boden schmettert, wird man als hysterisch oder verrückt hingestellt, oder der Mann schweigt. »Der Mann schweigt auf eine so raffinierte Weise, daß es niemandem auffällt, daß Kraftlosigkeit die Grundlage seines Schweigens ist« (Wilfried Wieck). Dieses raffinierte Schweigen ist eine Art repressiven Verhaltens, das uns Frauen fast handlungs- und reaktionsunfähig macht.

Befreien wir uns aus dieser Sprachlosigkeit! Lernen wir das Sprechdenken und machen wir Rhetorikkurse! Wir helfen damit auch unseren Männern. Denn Eloquenz muß geübt werden. Denken wir daran: Unser Leben mit *ihm* steht auf dem Spiel.

Geistiges Training tut Not – ganz besonders für uns. Lesen Sie Zeitung mit der Schere und Bücher – sofern sie Eigentum sind – mit dem Stift. Ich habe mir seit geraumer Zeit angewöhnt, für mich wichtige Artikel aus der Tageszeitung auszuschneiden und bin immer froh, wenn ich auf der Suche nach irgendwelchen Argumenten in meiner Sammlung fündig werde. Auch so können wir unsere Schlagfertigkeit schulen.

Bei den Büchern, die ich lese, werden eindrucksvolle Gedanken und Passagen mit Bleistift gekennzeichnet. So kann ich mich beim wiederholten Lesen auf das Wesentliche konzentrieren.

Kaufen Sie sich Bücher über interessante Frauen unserer Zeit! Aber auch längst vergangene Jahrhunderte haben Frauen aufzuweisen, die couragiert mit ihrer Meinung nicht hinterm Berg hielten und die schon damals erkannten, daß es die Männerwelt darauf abgesehen hat, uns zu beherrschen, daß sie uns immer – in Wort und Tat – vor Augen führen will, daß wir die Dummchen vom Dienst sind und nur sie über die höheren Erkenntnisse verfügen. Es sei erinnert an:

Ricarda Huch 1864–1947,
George Sand 1804–1876,
Mme de Staël 1766–1817.

Wir allerdings, die reifen Frauen des ausgehenden zwanzigsten Jahrhunderts, haben nun keinerlei Dummchenambitionen und sind auch nicht gewillt, uns in eine Rolle pressen zu lassen, die wir unter keinen Umständen spielen wollen. Nicht daß wir nicht sanft und liebevoll sein wollen – wir sind es ja ohnehin von Natur aus, aber wir weigern uns mit aller

Entschiedenheit, unsere Sanftmut als Dummheit und Schwäche auslegen zu lassen. Und wir weigern uns auch, unsere naturgegebenen, altersbedingten Unvollkommenheiten als Manko und Nachteil wie ein Kainsmal auf der Stirn herumzutragen. Wir sind nun mal keine dreißig mehr und wollen uns nicht ständig irgendwelchen unsinnigen Vergleichen stellen. Wir haben die Nase voll von dem überspannten Jugendlichkeitswahn dieser Zeit und sind nicht mehr gewillt, uns zu verstellen, unsere Persönlichkeit aufzugeben, nur weil irgendwelche Medien meinen, die Welt gehöre ausschließlich dem knackigen Po, dem festen Busen, der samtenen Haut, der Wespentaille und außerdem noch einem unschuldig-verführerischen Lächeln.

Natürlich ist das auch die Welt – und wie! Pulsierend, lebendig und fordernd, wißbegierig, neugierig und abenteuerlustig zugleich. Aber es ist eben nur ein Teil davon, der Beginn, der Start zu einem großen Lauf ins Ungewisse, der Drang ins Leben!

Unsere Welt ist die Zeit der Muße, die Zeit des Ausruhens. Uns peitscht keine Neugierde mehr den Wind der Abenteuerlust ins Gesicht, wir dürfen die milde Brise eines an Erfahrung und Erlebnissen reichen Lebens sanft auf der Haut spüren und können mit Ruhe und Gelassenheit den nächsten Tag erwarten.

Wir können – sofern man uns läßt, sofern man nicht an uns herumnörgelt und uns nicht Handlungen aufzwingt, die uns nicht angemessen sind.

Wir wollen keine Karikaturen unser selbst sein, kein Verschnitt verwelkter Dreißigerinnen, wir wollen *die* Frau von fünfzig sein, die für unsere jungen Frauen ein Beispiel ist, ein Vorbild, das sie für ihre eigene Zukunft vor Augen haben. Wir wollen *die* reife Frau sein, die unseren jungen Frauen die Angst nimmt vor dem Älterwerden. Sie sollen an uns erkennen, daß es gar nicht so schrecklich ist, keine dreißig mehr zu sein. Und wir wollen die Frauen sein, die ihren Männern

noch immer Bewunderung und Verehrung entlocken, die begehrt sind sowohl im Wohn- als auch im Schlafzimmer.
Aber das schaffen wir nur, wenn wir die Welt der Männer realistisch sehen, wenn wir ständig wissen, womit wir rechnen können und womit wir nicht rechnen dürfen. Eine seit Jahrhunderten festgefahrene Meinung ist nicht von *einer* Frauengeneration aufzuweichen. Aber wir sind aufgerufen, der Gesellschaft und den Männern bei jeder Gelegenheit ihr unsinniges und arrogantes Benehmen bewußt zu machen. Denken Sie bitte darüber nach. Wir machen uns stark, nicht nur für uns, sondern auch für unsere Töchter und wieder deren Töchter, für die Frauengenerationen der Zukunft. Schon allein das Bewußtsein, daß wir uns wehren können, daß wir nicht alle Brocken schlucken müssen, die man uns vorwirft, daß wir selbständig handelnd durch unsere reifen Jahre gehen, öfter mal das Wort »nein« im Wortschatz auftauchen lassen und uns auf das »Ich« besinnen – das sind doch Reichtümer, von denen unsere Mütter und Großmütter nur träumen konnten.
Ich bin der Ansicht, daß die Frauen sich ihres Wertes sehr wohl bewußt werden können, daß sie in ihrer Eigenschaft als »Frau im reifen Alter« eine Aufgabe übernehmen müssen, um ein Frauenbildnis zu prägen, das nicht von abwertendem Geschwätz, kränkenden Bemerkungen, demütigenden Handlungen und beleidigenden Unterlassungen entwertet wird, sondern das durch Achtung und Verehrung, Begehrtsein und Geliebtwerden erstrebenswert scheint.
Wir können dies aber nur, wenn wir nicht in der Luft hängen, wenn wir festen Boden unter den Füßen haben, um sicher auftreten zu können. Und dazu gehört noch etwas, was mir sehr am Herzen liegt und worüber ich immer wieder bittere Klagen von meinen Geschlechtsgenossinnen höre. Sie haben nämlich ihre Schwierigkeiten damit, daß – sei es in der allgemeinen Unterhaltung, oder mit ihrem Partner – kaum jemand die Größe besitzt, einen Fehler einzuge-

stehen. Die Frauen sagen mir, daß sie erst jetzt mit diesem ganz speziellen Problem konfrontiert seien.
Wir haben uns überlegt, wo das wohl herkommen mag, und sind auf eine recht simple Erklärung gestoßen: Unsere Gesprächspartner fühlen sich durch unser Selbstbewußtsein in die Enge getrieben, obwohl das völlig unsinnig ist, und streiten dann kaltlächelnd alles ab, was ihnen zur Unehre gereichen könnte. Ich verstehe das zwar überhaupt nicht, denn es ist doch vielmehr so, daß nur der wirklich stark ist, der auch seine Schwächen zeigt. Und wir Frauen haben da auf jeden Fall die besseren Karten in der Hand. Uns fällt es doch nicht schwer, auch mal zuzugeben, daß wir etwas nicht wissen oder können.
Haben Sie schon einmal ausprobiert, welche Wirkung Sie erzielen, wenn Sie auf eine provozierende Frage ganz einfach erklären, daß Sie keine Ahnung haben? Die Wirkung ist verblüffend, weil kein Mensch eine solche Antwort erwartet. Für Bruchteile von Sekunden machen Sie Ihr Gegenüber sogar sprachlos, ganz besonders dann, wenn das Gegenüber ein männliches Wesen ist. Diesem ist so etwas meistens fremd. Im stillen – natürlich würde er es nie zugeben – bewundert er Sie ob ihrer entwaffnenden Ehrlichkeit.
Das ist der Weg, den wir gehen müssen: Offen und ehrlich, geradeheraus und um Sachlichkeit bemüht, wenn wir jemanden überzeugen wollen. Selbstverständlich mixen wir immer und bei jeder passenden Gelegenheit unsere Weiblichkeit und unseren Charme zwischen die Argumente, und das sind dann unsere ganz persönlichen Trümpfe, die wir zusätzlich auszuspielen haben.

Objektiv gesehen oder unsere Trümpfe

Der Kater Goliath hat es sich auf meinem Schreibtisch bequem gemacht. Er liegt wie hingegossen auf den ersten zwei Kapiteln dieses Buches und bewacht meine »goldenen Worte«. Er tut zwar so, als ob er schliefe, aber er beobachtet ganz genau durch einen winzigen Schlitz seiner smaragdgrünen Augen, wie meine Finger über die Tasten der Maschine huschen.

Objektiv gesehen sind wir Fünfzigjährigen allesamt Frauen, wie das folgende Kapitel sie beschreibt, vorausgesetzt, wir bemühen uns darum, daß unser Umfeld stimmt. Der Mann, mit dem wir leben, die Gesellschaft, *in* der wir leben. Sie werden sich in manchen Beispielen wiedererkennen, liebenswerte Eigenschaften an sich entdecken, von denen Sie bislang überhaupt nichts gewußt haben, weil sie Ihnen keiner gesagt hat. Sie werden, nachdem Sie dieses Kapitel gelesen haben, Ihr Haupt höher tragen, und Ihr Schritt wird stolzer, entschlossener sein. Minderwertigkeitsgefühle werden Sie nicht nur unter den Teppich kehren, Sie werden sie ein für allemal auf Nimmerwiedersehen aus Ihrem Gedankenkreis verschwinden lassen – zum großen Erstaunen ihrer Mitmenschen. Sie werden die Welt mit neuen Augen sehen, mit Augen, die, wenn sie morgens erwachen, freundlich den jungen Tag begrüßen. Ihre Schultern werden nie mehr schlaff herunterhängen, die ganze Statur bekommt eine innere Korsettstange, Sie haben das Gefühl, noch gewachsen zu sein.

Nehmen Sie sich jetzt Zeit beim Lesen. Prägen Sie sich jeden Satz ganz genau ein, und lassen Sie sich nie wieder einschüchtern, nie wieder kleinmachen. Sie haben es nicht nötig, sich, Ihre Persönlichkeit, zurückzunehmen, nur weil Sie eine reife Frau sind, nur weil Ihre Welt nicht mehr die eines jungen Mädchens ist, weil Ihre Schwerpunkte sich verlagert, Ihre Interessen sich geändert haben.

Wir reifen Frauen, und damit geht es überhaupt schon mal los, kämpfen gegen Umstände, die wir falsch finden, und arbeiten für das, was wir für wünschenswert und erstrebenswert halten. Wir haben die Gabe zu genießen, was wir an Schönem erleben und erreichen. Wir besitzen Energie, Kampfgeist und vor allem Geschick und Mut, die wir einzusetzen verstehen, um unser Leben so einzurichten, daß es unseren Ansprüchen so nahe wie irgend möglich kommt.

Diese Ansprüche stellen wir nicht nur an unseren Partner, sondern an unsere Freundschaften, unsere Mitmenschen ganz allgemein. Unsere äußeren Lebensumstände und uns selbst nehmen wir dabei selbstverständlich keineswegs aus. Wir verstehen es auch, die Probleme des Lebens zu meistern, die Schönheit der Welt zu genießen und, wie mein erwachsener Sohn immer so bewundernd bemerkt, die wertvollen Eigenschaften in unseren Mitmenschen zu entdecken und uns darüber zu freuen. Und wir verstehen es, unsere Lieben zu lieben. Lieben und fröhlich sein, sind für uns keine Tätigkeiten, sondern eine *Geisteshaltung*. Wir haben auch die Fähigkeit, die Batterie unserer Lebensgeister an allem, was uns beglückt und uns Entspannung bringt, wieder aufladen zu lassen, und wir sind auch die Frauen, die selbstverständlich noch immer originelle und aufregende Komplimente bekommen.

Wir bekommen sie nämlich genau von den Männern, von denen im vorausgegangenen Kapitel *nicht* die Rede war, von Männern, die klug genug sind, die Qualitäten einer reifen Frau voll zu erfassen und sie zu schätzen. Und dazu zählen – zu unserem großen Erstaunen, wie ich gestehen muß, oft auch sehr junge Männer. Sie wittern Geheimnisse um die reife, erfahrene Frau, und sie gebärden sich, als beteten sie

sie an – meist natürlich in respektvollem Abstand, wie sich das eben gehört.

Ein großer Könner mit Erfindungsgeist, wenn es darum geht, das weibliche Geschlecht zu loben und zu preisen, ist mein eigener Mann. Er gehört zu denen, die im Grunde eine Schwäche für die reife Frau haben und die an ihr viel Interessantes entdecken können.

Aus einem ganz anderen Blickwinkel kommen die Elogen meines Freundes G., die dieser anläßlich meines fünfzigsten Geburtstages wie einen warmen Regen über mich rieseln ließ. Wenn ich mir die Sache aber so recht bedenke, dann waren sie allesamt ein Loblied auf die reife Frau schlechthin.

Er bemerkte so treffend und einfach hinreißend: »Sie ist weltoffen, dem Leben zugewandt, immer von dem Wunsch beseelt, etwas zu bewegen. Es wird ihr vergönnt sein, diesen wunderbaren Hauch der jugendlichen Frische mit in die zweite Hälfte des Lebens zu nehmen. So ist es nicht einmal übertrieben, wenn ich sage, das Schönste liegt beinahe noch vor ihr.

Spätestens jetzt hat man doch die allerschlimmsten Eitelkeiten hinter sich. Man hat gelernt, zwischen den nur hübschen Dingen und den wirklich schönen zu unterscheiden. Waren die mitunter aufgetretenen Komplexe nicht oft nur eine maßlose Überschätzung der Fähigkeiten anderer? In diesen Zusammenhang gehört auch der Lernprozeß, sich ohne Vorbehalte zur Rolle der erfahrenen Frau zu bekennen. Ein solches Ja zur Reife des Lebens ist etwas ungeheim Befreiendes!«

Highlights, angezündet für eine Fünfzigjährige von einem erfolgreichen, weltoffenen Unternehmer. Man wähnt sich doch mitten im Zauberland von Courts-Mahler und kann nie genug davon bekommen:

»Sie werden immer jünger, und was das Faszinierende daran ist: auch immer schöner.«

»Du könntest mir öfter die Freude deines Anblicks gönnen.«

Und zu dem Ehemann gerichtet: »Du hast es gut, du kannst immer bei ihr sein und sie anschauen.«
Einen ganz neuen Aspekt in puncto Komplimente für uns reife Frauen brachte ein 31jähriger, dynamischer junger Mann in bezug auf die Jahre, in denen wir geboren wurden: »Waren sie nicht düster, niederdrückend, angstvoll?« Wir aber seien ganz anders als jene fernen Ereignisse, und wörtlich sagte er einmal: »Sie, meine verehrten Damen, sind lebensprühend, spontan, jugendfrisch, jung geblieben!«
Bei einer Einladung bei Freunden wurde ich Zeugin bezaubernder Worte, die eine Dame in durchaus mittleren Jahren von ihrem Tischherrn zugeraunt bekam: »Ihre Augen sprechen vom Liebreiz eines jungen Mädchens und der Erfahrung einer reifen Frau.«
Ist das nicht Engelsmusik in unseren Ohren? Aber es geht ja noch weiter. Ein Freund aus Wien schrieb mir:
»Nun ist es also soweit, daß auch Du in den erlauchten Kreis derer eintrittst, die von der Sonne der Lebensweisheit besonders hell und strahlend beschienen werden. Wenn man Dich kennt und sieht, möchte man es ja wirklich nicht glauben, daß Du bereits Deinen fünfzigsten Geburtstag feierst. Aber es ehrt Dich in besonderer Weise, daß Du nicht kokettierst und kein Geheimnis um Dein Geburtsdatum machst.«
Schreiber solcher Worte möchte man doch sofort in die Arme nehmen oder sie in die Reihe derer stellen, die unsterblich sind. Zu den Göttern nämlich.
Als ich vor kurzem mit einem wesentlich jüngeren Mann – dem Lebensgefährten meiner ältesten Tochter – über meine Beobachtungen vor dem Spiegel sprach (Sie erinnern sich?) meinte er nur, ich solle meinen Mitmenschen – sprich den Männern – in die Augen sehen und nicht vor dem Spiegel meine Zeit vergeuden – ein Kompliment besonderer Art, das mich zum Nachdenken anregte. Sie auch?
Genauso nachdenklich machte mich der Brief eines mir da-

mals nur flüchtig bekannten Herrn, in dem es unter anderem heißt: »Sie haben die glückliche Begabung, sich und Ihre Umwelt froh zu stimmen. Ihr Humor und Ihre positive Art zu leben sind ansteckend« usw. ... So bewirkt diese Sammlung von Komplimenten, zu denen Sie sicher auch einen nicht zu unterschätzenden Beitrag leisten könnten, zweierlei in uns: Zum einen geht es mit uns so wie mit einer Pflanze, die gut gedüngt wird: Wir beginnen bei derlei Streicheleinheiten zu blühen – unser Alter spielt dabei keine Rolle. Zum anderen werden wir bestärkt in unserem Tun, bestärkt in unserem Bemühen, uns so zu geben, wie wir sind. Außerdem haben die Komplimente noch einen ganz besonderen Nebeneffekt. Kennen Sie das Wortspiel?: »Nicht lieb, weil schön, aber schön, weil lieb?« Eine Frau, die umschwärmt wird, wird sich ganz automatisch dessen würdig erweisen wollen und bestrebt sein, noch liebenswerter zu werden. Wir alle haben diese Erfahrung schon gemacht.
Wieder einmal sitze ich völlig abwesend auf einem Stuhl und beobachte meine Mitmenschen – wie Sie wissen, vorzugsweise meine Geschlechtsgenossinnen ähnlichen Alters. Aber es ist eben nicht irgendein Stuhl, und er steht auch nicht irgendwo, sondern ich habe mich auf einen Barhocker geschwungen, der sich an der Tagesbar eines Sporthotels im Bregenzer Wald befindet. Meine Freundin Bel sitzt neben mir.
Wir haben die vierte Flasche Mineralwasser zu unserem Wein bestellt, und meine Aufmerksamkeit gilt den durchweg gutaussehenden und sportlich gekleideten mittelältlichen Damen.
Jetzt betritt ein schön anzusehendes Paar die Hotelhalle. Man erledigt Formalitäten an der Rezeption, um dann im Aufzug zu verschwinden.
Sie mag gut Mitte Fünfzig sein. *Ihn* vermag ich nur schwer zu schätzen. Meine Freundin hilft mir, indem sie ihn bei höchstens Mitte Vierzig plaziert.

Ich hoffe die beiden beim Abendessen wiederzusehen. Diese Konstellation interessiert mich, macht mich neugierig. Und richtig. Nicht unweit von unserem Tisch nimmt »mein« Paar Platz, als das Restaurant sich mit hungrigen, fröhlich plaudernden Menschen füllt. Ich sitze günstig, kann ihr schönes, klares Gesicht sehen, ohne den Hals zu verdrehen.

Zwei große, blaugraue Augen sind das Faszinierendste an ihr. Sie sind auf ihren Begleiter gerichtet, der sie lächelnd und bewundernd ansieht. Selbstverständlich steckt sie sich keine Zigarette an – sie ist Nichtraucherin, wie ich schon vermutete – und unterhält sich angeregt. Mit dezent angedeuteten Handbewegungen unterstreicht sie ihre Worte. Dabei fällt mein Blick auf ihre gepflegten, gut manikürten Hände. Die schlanken Finger sind ohne jeden Schmuck – sie kann es sich leisten.

Eine interessante und Persönlichkeit ausstrahlende Erscheinung! Eine schöne Frau.

Ich hatte die Möglichkeit, mich noch ein paar Tage mit ihr und ihrem Geliebten zu beschäftigen. Man kommt ins Gespräch, erzählt ein wenig von sich.

So erfuhr ich – merkwürdigerweise mehr von ihm –, daß sie sich seit zwei Jahren kennen, seit einem halben Jahr lieben. Mir kam seine offene Art sehr entgegen, und ich wollte von ihm wissen, wie ein Mann dazukommt, sich in eine zehn Jahre ältere Frau zu verlieben.

»Sie ist einfach wunderbar«, sagte er mir, und dabei nahm sein Gesicht einen glücklichen Ausdruck an. »Sie ist belebend wie frische Luft und entspannend wie ein herrlich duftendes Bad.«

Mann entdecke die Frau ab fünfzig!

Und meine erfreulichen Gedanken über uns, die wir derart charmante und hinreißende Vertreterinnen aufzuweisen haben, nehmen kein Ende. Wir sind selbstbewußt, und wir sind klug! Klug genug, nur das zu machen und zu sagen,

worüber wir Bescheid wissen, wo unsere Neigungen stekken und unsere Fähigkeiten! Wie zufällig fällt mir da Margaret Thatcher ein.
Es ist absolut unerheblich, welcher politischen Couleur Sie sich verbunden fühlen. Wenn Sie ein neutraler Beobachter und Zuhörer sind, dann fällt Ihnen ihre klare Sprache auf, das intelligente, wohlüberlegte, akzentuierte Aneinanderreihen von Wörtern und Sätzen. Manchmal sind es sogar Beschwörungen, mit denen diese Frau ihre Anhänger und ihre Kritiker gleichermaßen überzeugen kann. Ihr sicheres Auftreten ist beispielhaft, und sie weiß das, kalkuliert ihr Können immer mit ein, baut darauf. Der Erfolg gibt ihr recht, macht sie sicher und bestimmt.
Sie hat es verstanden, mit ihren Talenten zu »wuchern«, hat genau erkannt, wo ihre Begabungen liegen und hat sich diese konsequent zunutze gemacht. Sie führt ein, wenn auch hektisches, so doch befriedigendes Leben. Und das ist es, was auch wir jetzt voll ausnutzen sollen. Wir beschäftigen uns nicht mit Dingen, die uns nicht liegen oder gar gegen unsere Veranlagungen stehen.
Stellen Sie sich doch bitte einmal Mrs. Thatcher als Showstar vor! Undenkbar! Keiner käme auf eine so absonderliche Idee.
Auch wir schielen nicht nach den Erfolgen anderer. Wir haben unsere eigenen.
Aber um noch einmal zu den sehr exponierten Vertreterinnen unserer Jahrgänge zu kommen. Da wäre z.B. Liz Taylor. Es ist auch hier völlig egal, welchen Geschmack Sie haben. Ob ihnen Blond oder Schwarz besser zusagt. Eines jedenfalls ist sicher, und darüber streitet sich niemand. Sie ist jetzt und heute schöner, begehrenswerter als je zuvor. Und ihre Faszination ist unumstritten!
Ich räume natürlich ein, daß zu ihrem fabelhaften Aussehen, das sie, die sie die Fünfzig schon weit hinter sich hat, unangefochten immer noch zur Schau trägt, sicher die plastische

Chirurgie einen nicht unerheblichen Beitrag geleistet hat. (Dieses heute schon nicht mehr brisante Thema, werde ich im Kapitel 4 besprechen.) Aber der Nimbus, das Flair, die einen Menschen umgeben, können mit *keinem* Skalpell der Erde erreicht werden.

Denn diese Eigenschaften sind – und daran gibt es nichts zu deuteln oder wegzudiskutieren – die Folge unseres Denkens, unseres Fühlens, unseres Handelns!

Die beiden Frauen, die ich Ihnen kurz vorstellte, sind zwei total verschiedene Persönlichkeiten. Sie haben weder in ihrem Äußeren noch in ihrem Aufgabenbereich das mindeste gemein, und ihre Interessen klaffen auseinander, wie man es sich größer nicht vorstellen kann.

Aber sie vertreten unsere Jahrgänge auf eine ganz besondere, beeindruckende Weise.

Genauso angenehm und beeindruckend aber vertritt unsere Generation eine Legion von Frauen, die täglich mit den Kochtöpfen eine mehr oder weniger »heiße« Bekanntschaft machen müssen, die pünktlich im Büro sitzen, adrett und freundlich die Anweisungen ihres Chefs ausführen, die hinter der Kasse eines Kaufhauses sitzen und den ganzen Tag nichts als gehetzte Menschen und fremdes Geld sehen. Eine Unzahl reifer Frauen, die in Haus und Garten ein oft unglaubliches Organisationstalent entwickeln, um dem Haushaltsvorstand ein gemütliches Heim zu schaffen, ihm eine Welt zu gestalten, in der er sich wohl fühlen und entspannen kann, die ihm Geborgenheit gibt, Heimat ist.

Wir sind doch im Grunde *die* Frauengeneration, um die sich alles dreht. Wer kann denn schon an uns vorbeiziehen, uns überholen, ohne uns in jegliches Überlegen und Planen miteinzubeziehen? Wir sind die Generation, die am breitgefächerten Markt stark beteiligt ist und die Kaufkraft besitzt. Wir sind die Frauen, die sich ihr Aussehen und ihr Wohlbefinden etwas kosten lassen.

Schauen Sie sich um, schauen Sie sich an, und Sie werden

entdecken, daß die Frauen unserer Generation ihren Stil gefunden haben. Sie sind ein Typ, sie beherrschen das »süße Nichtstun«, hetzen nicht von einer Hausarbeit in die andere. Der volle Bügelkorb kann auch noch einen Tag stehen bleiben – heute ist ein prächtiger Sonnentag, und deshalb verbringe ich ihn im Garten oder gehe ins Café. Sie lassen sich beflügeln durch alles Schöne, Schöngeistige, die Natur und ihre täglichen kleinen Wunder.
Sie sind offen für die Menschen, die sie lieben und bewundern. Sie haben ihren festen Freundeskreis, auf den sie sich verlassen können. Sie haben längst herausgefunden, wer ihnen eine unverfälschte Freundschaft anbietet oder wer ihnen nur zum Mund redet, um ihr Wohlwollen zu bekommen.
Ihr Wort hat Gewicht in der Diskussion, sie wissen viel und wissen, was sie reden. Sie schweigen klug, wenn es um Dinge geht, die sie nicht beherrschen, und in denen sie sich nicht sattelfest fühlen. Was sie nur vom Hörensagen im Kopf haben, ist für sie keine Argumentationsgrundlage. Ihre Kommentare sind fundiert und gehen nicht am Thema vorbei.
Sie haben ein sicheres Urteilsvermögen, tappen nicht in die Fallen, die das Leben und manchmal auch Menschen, ihnen stellen.
Sie sind vorsichtig und zurückhaltend, abwartend und überlegt. Sie sind nicht wankelmütig und stehen zu ihrem Wort. Andererseits haben sie auch den Mut, ihren Sinn zu ändern, wenn sie erkennen, daß sie sich geirrt haben.
Sie sind offen für alles, was ihrem seelischen und körperlichen Wohlbefinden dient, sie sind auch jederzeit bereit, dafür Opfer zu bringen.
Sie sind zuverlässige, unparteiische Freundinnen, auf die man bauen und mit denen man Pferde stehlen kann.
Sie sind hilfsbereit, ohne auf ihren eigenen Vorteil bedacht zu sein, nehmen jeden Rat zunächst einmal gerne entgegen,

um dann aber gründlich zu erwägen, ob er für ihre Situation richtig war.
Ihr gesundes Selbstbewußtsein läßt sie mutig unpopuläre Entscheidungen treffen, wenn sie erkennen, daß ein Weg so und nicht anders gegangen werden muß. Dann zaudern sie nicht.
Sie haben ihr Leben im Griff. Ihre klimakterischen Beschwerden belästigen sie nur so viel, wie sie über den normalen, biologischen Ablauf hinausgehen, und auch dann geraten sie nicht in Panik. Sie haben sich informiert und wissen, wie man Abhilfe schaffen kann. Darüber erfahren Sie Wichtiges und Interessantes im Kapitel »Wille zum Glück«.
Die reife Frau von heute hat den Blick fürs Wesentliche und eine liebenswerte Schwäche für die vielen unwichtigen Kleinigkeiten, die das Leben aber unendlich angenehm und lebenswert machen.
Der Alltag wird zur Kenntnis genommen – nicht mehr.
Ihre Fähigkeit zu lieben, ist immens. Mit ihrer ganzen Persönlichkeit kann sie sich einem Gefühl hingeben, es erleben, einsaugen und sich bewahren.
Sie ist locker und befreit von der periodisch wiederkehrenden Angst, die sie oft überfiel – trotz Pille, Spirale oder anderer Methoden, derer sie sich bedienen mußte, wenn sie nicht von einer ungewollten Schwangerschaft überrascht werden wollte.
Das alles kann sie jetzt vergessen, und sie hat es vergessen. Denn sie gibt sich voller Lust und Freude dem hin, den sie liebt und der auch sie liebt.
Das Kapitel »Ellens Geschichte« wird Sie in die Welt zweier reifer Menschen führen, die noch einmal den ganzen Zauber, die bunte Palette einer innigen Verbindung erleben.
Die reife Frau, sofern sie einem Beruf nachgeht, ist eine geschätzte, loyale Mitarbeiterin, erfahren im Umgang mit jungen Kollegen, für die sie nicht selten Freundin und Vertraute ist. Sie ist tolerant, hat es überhaupt nicht mehr nötig, auf

ihrem Recht herumzupochen. Sie ist eine große Künstlerin des Nachgebens und macht sich durch ihr ausgleichendes Wesen viele Freunde.
Sie hat die Begabung, am Leben teilzunehmen, setzt Prioritäten und muß nicht überall die erste Geige spielen. Sie entwickelt nur Ehrgeiz, wenn sie ihren Mitmenschen den *Menschen in ihr* vermitteln möchte. Sie steht über den Dingen, die sie oft in früheren Jahren so wichtig genommen hat, und vor allem hat sie gelernt, sich selbst nicht mehr so wichtig zu nehmen. Ihr Leben ist wohltuend *über*schaubar, wenn auch nicht immer *durch*schaubar.
Die reife Frau hat stets die Antennen ausgefahren, ist immer auf Empfang, neugierig darauf, ob das Leben auch noch Überraschungen für sie bereithält. Sie hat ihre Hobbys, die sie mit Eifer und Liebe betreibt, sie ist meist sportlich und greift aktiv in das Sportgeschehen in ihren Clubs ein. Die sporttreibenden »Seniorinnen« haben sich in den letzten Jahren um über zehn Prozent vermehrt.
Sie ist gesellig, gibt Gesellschaften und ist überall ein gerngesehener Gast. Ihr Charme und Witz, ihre Fairneß, ihre sicheren Beiträge zu Gesprächen machen sie zu einer begehrten Tischdame, Tanzpartnerin und Sportkameradin.
Sie ist von einem verblüffend guten Aussehen: gepflegt vom Scheitel bis zur Sohle, ihre Kleidung immer mit einem Touch modischer Eleganz.
Die Farben, die sie trägt, unterstreichen ihren Typ. Niemals sind sie grell oder von unangemessener Aufdringlichkeit. Sie besitzt das Feingefühl des guten Geschmacks und schmückt sich nach dem Prinzip: Weniger ist mehr!
Obwohl sie äußerst diszipliniert ist, ist sie weit davon entfernt, starr oder steif zu sein.
Sie hat keine Lust, sich irgendeinem Zwang zu unterwerfen. Klischeemäßiges Verhalten ist ihr zuwider. Sie ist ein Individualist, weil sie es sich dank ihrer Persönlichkeit und Erfahrung – und dank ihres Alters leisten kann.

Eine der hervorragenden Eigenschaften der reifen Frau ist das intensive Leben-Können. Sie schöpft daraus Kraft und Ausdauer. Sie entwickelt geradezu eine große Begabung, auch mal mehrere Dinge gleichzeitig zu machen, ohne gleich außer Atem zu geraten oder sich zu überschlagen. Doch irgendwann entscheidet sie sich dann für das, was sie am meisten erfüllt, und für *die* Menschen, die ihr am ehesten entsprechen.

Ungeachtet dessen, wie man nun die reife Frau sehen will – sie läßt sich in kein Schema pressen, und sie ist stets darauf bedacht, nicht »Masse« zu werden.

Sie hat es längst aufgegeben, sogenanntes Wohlverhalten an den Tag zu legen, nur weil »man« es von ihr erwartet.

Außerdem kommt es ihr auch nicht mehr in den Sinn, irgend etwas nicht zu tun, von dem sie sich Lebensfreude, Entspannung und Wohlbehagen verspricht, nur weil es eventuell nicht in die festgefahrene Meinung der Gesellschaft paßt und man sich die Mäuler zerreißen könnte über sie oder ihr Tun.

Hatte sie noch vor Jahren das Gefühl, sich dies oder jenes verkneifen zu müssen, um doch nicht den Unmut irgendwelcher Moralapostel auf sich zu ziehen, so setzt sie sich heute – an Erfahrung reich – selbstsicher und mutig über derlei Beschränkungen hinweg.

Sie hat gelernt, mit Kritik zu leben, und wird dadurch nur gestärkt. Sie nimmt selbstverständlich auch eine ganz besondere Stellung bei den Männern ein: Bei dem Mann, der die mütterliche Frau als Geliebte vorzieht, ist sie ohnedies Favoritin Nummer eins.

Aber auch sonst hat sie im Reigen der Geschlechter einen besonderen Platz.

Dabei weiß sie, was sie will, und gibt sich nicht mit Lappalien ab, dazu ist ihr die Zeit zu schade. Das Leben läuft in ihr ab, nicht neben ihr, und ihr Mut zum Risiko ist immer wohlüberlegt.

Ihre Unabhängigkeit gibt ihr eine beeindruckende Sicherheit. Sie fährt allein in Urlaub, hat keine Schwierigkeiten, Anschluß zu finden, und der Führerschein macht sie noch unabhängiger als sie es ohnehin schon ist.
Sie liest auch Zeitung, hat durchaus eine eigene Meinung über Politik und was damit zusammenhängt, und sie scheut sich nicht, diese deutlich kundzutun.
Sie hat einen großen Bedarf an menschlichen Kontakten, aber genauso sinnvoll kann sie ihre Zeit ausfüllen, wenn sie allein ist.
Das Wort Langeweile kennt sie nicht, und oft macht sie den Eindruck, als müßte man ihren Tatendrang ein wenig bremsen.
Ich denke da an meine Schwiegermutter. Sie verlor schon mit 49 Jahren ihren Mann. Bis alle ihre sieben Kinder aus dem Hause waren, konnte sie selbstverständlich nicht viel an sich denken. Aber dann hat sie sich mitten ins Leben gestürzt. Sie hat sich so vielerlei Dinge vorgenommen, daß es für Außenstehende den Anschein hat, sie könnte die einzelnen Unternehmungen gar nicht mehr so recht genießen.
Aber weit gefehlt! Sie versteht es im Gegenteil abzuwägen, Schwerpunkte auszumachen und klug zu dosieren.
Heute ist sie Mitte Siebzig und unternehmenslustig wie eh und je.
Die reife Frau ist interessiert, mit einem gesunden Menschenverstand ausgestattet, und sie hat für sich beschlossen, daß ihr Leben nichts von seinem Reiz verloren hat!
Die Frau mit Erfahrung hat sich eine gesunde, linienfreundliche Ernährung ausgesucht, und sie hat ihre Prinzipien. Sie lebt körperbewußt und schult ihren Geist. Sie sorgt dafür, daß sie ausreichend Schlaf bekommt und trinkt Alkohol nur in Maßen.
Oft gibt sie auch das Rauchen auf, denn sie braucht nichts mehr, woran sie sich festhalten kann.
Die reife Frau sieht nicht etwa nur jünger aus, als sie ist, sie

ist vielmehr jünger, als es in ihrem Paß steht, und das ist eben eine Folge ihrer Lebensführung und ihrer Einstellung zum Leben.

Großzügig ist sie und läßt die Meinungen anderer gelten, ohne ihnen das Gefühl zu geben, sie sei über derlei Gedanken erhaben. Die Maxime der reifen Frau ist, das Erreichte zu bewahren und Neues zu entdecken, das Leben als Geschenk zu betrachten und sich seiner zu bedienen. Und da sie sich festen Boden unter den Füßen geschaffen hat, ist sie eine Persönlichkeit, die nicht wackelt, die ihre Fahne nicht nach dem Wind hängt, die zuverlässig ist und geradlinig, die um ihrer selbst willen geschätzt und verehrt wird, und wenn sie eingeladen ist, dann weiß sie, daß die Einladung ihrer Person gilt, nicht einem strammen Po oder knackigen Busen.

Die reife Frau ist ein Mensch, der sich durch nichts und von niemandem in seinem menschlichen Fortkommen bremsen läßt. Sie hat einen Weg für sich gewählt, und den geht sie. Sie hat das Alter für sich abstrahiert, und somit ist es gegenstandslos geworden.

Hat sie Töchter, so ist sie ihnen nach einer gewissen Abnabelungszeit die uneigennützigste Freundin, deren Rat stets von Wohlwollen und reicher Erfahrung begleitet ist. Hat sie Söhne, so hat sie diese mit Bedacht nicht etwa zu Muttersöhnchen erzogen, wohl aber zu jungen Männern, die ihre Mutter verehren, in ihr alles Weibliche achten und diese Hochachtung ihrer zukünftigen Partnerin weiterschenken können.

Geben Sie Ihrer heiratsfähigen Tochter den Rat, ihren Herzensangebeteten zu beobachten, wie er zu seiner Mutter steht. Er wird diese Haltung auf sie übertragen. Und das kann für sie der Himmel oder die Hölle sein.

Die reife Frau läßt ihren Schwiegertöchtern ihre Männer. Sie überläßt ihnen gerne und nicht ohne Stolz den Sohn, den sie durch ihre sorgfältige Erziehung geprägt hat. Sie erfindet

nicht immer wieder neue Gründe – manchmal sogar Krankheiten –, um den Sohn zu sich zu holen, ihn mit sich und ihren Angelegenheiten zuzudecken.
Sie strebt nicht, von Eifersucht gequält, danach, die Hauptrolle in seinem Leben zu spielen. Sie weiß, daß ihre Aufgabe erfüllt und das Ergebnis gut ist.
Die reife Frau ist kein Phantast, hat aber Phantasie. Sie ist nicht wundersüchtig, glaubt aber an Wunder.
Ihr Schmuck ist geschmackvoll, dezent. Sie behängt sich nicht wie ein Christbaum, hat nicht zu unpassenden Gelegenheiten »über die Toppen geflaggt«. Denn sie weiß, daß ein Mann eine Frau nicht nach ihrem »Lametta« beurteilt.
Eine Frau in reifen Jahren hat ihre festen Geschäfte, in denen sie einkauft. Wo man sie kennt und ihren Geschmack.
Sie wechselt selten und nur ungern den Friseur, die Nummer ihrer Haarfarbe ist sein Geheimnis.
Sie bevorzugt einen ganz bestimmten Couturier, und auch ihre Schuhmarke ist meist dieselbe.
Sie genießt es, nächtens nicht mehr herumwandern zu müssen, um Kamillentee zu kochen, wenn eines der Kleinen Magenkrämpfe hatte.
Sie braucht keine Wadenwickel mehr zu machen, um das Fieber bei einem ihrer Kinder zum Sinken zu bringen.
Sie muß keine Schulaufgaben mehr nachsehen, keine Vokabeln abhören, und kein Numerus clausus wird sie mehr belasten.
Sie muß sich in ihren Reiseplänen nicht mehr nach den Schulferien richten – sie kann losfahren, wann immer ihr der Sinn danach steht und der Geldbeutel es erlaubt.
Sie braucht auch – und das ist ganz besonders angenehm – nicht mehr auf irgendeinen Monatszyklus Rücksicht zu nehmen. Sie kann schwimmen gehen, wann sie Lust hat, ungehindert ihrer Sportleidenschaft frönen, und sie kann lieben, wann immer es sein muß. Die »gewissen Tage« gehören der Vergangenheit an. Nichts muß mehr Wochen vor-

aus berechnet werden, alles kann dem Augenblick überlassen werden und seiner Intuition.
Die reife Frau ist besonnen. Sie weiß, wie weit sie gehen kann und darf, denn sie will keine Trümmerhaufen hinterlassen.
Niederlagen sind für sie keine Katastrophe, sie begegnet ihnen nicht kopflos und in Panik, sondern gelassen und mit Überlegenheit. Ihr Wille ist stark, ihr Selbstvertrauen unerschütterlich. Sie weiß, was von all den verbreiteten Vorurteilen über die reife Frau zu halten ist, *denn sie ist anders.* Sie ist weder kleinkariert noch pingelig. Sie hat nicht die Mentalität eines Staubsaugers, denn ihr Leben ist nicht blankgefegt, nicht geleckt, sondern vielmehr voller bunter Tupfen, Flusen, Stäubchen, und nicht selten findet sich auch eine Spur von all den Haaren, die sie in manchen Jahren lassen mußte. Das macht sie so lebendig, so abwechslungsreich.
Das sind dann die kleinen Schwächen und Fehler, die sie hat – und das nicht zu knapp. Warum auch nicht? Der Mensch ohne Fehler ist undenkbar, und gäbe es ihn denn, wäre er langweilig. Wohl aber gibt es den, der sich nicht zu seinen Fehlern bekennt. Wir gehören nicht zu jener Sorte! Wir verstehen es sogar, Kapital daraus zu schlagen, und wenn es sein muß, machen wir noch eine Tugend daraus.
Längst bin ich nicht mehr im Sporthotel im Bregenzer Wald, sondern liege mit einer scheußlichen Erkältung im Bett. Ich habe mir einen Krankheitsurlaubstag genehmigt. Faulenzen mit Husteneinlage und Schädelbrummen nenne ich das und empfinde die wohlige Rundumwärme meines Krankenlagers als sehr heilsam.
Habe ich uns allen eine würdige Laudatio gehalten mit den vorangegangenen Zeilen? Konnte ich jeder von uns gerecht werden? Sicherlich nicht, denn es gibt da noch ganz spezielle Tugenden, lobens- und erwähnenswerte Eigenschaften, die ein Außenstehender nur spüren, von denen er angenehm be-

rührt sein, die er aber nicht erklären kann. Es ist die Persönlichkeit schlechthin, mit der ein Mensch seine Umgebung beschenkt, beglückt, prägt.
Und damit wir eben diese Persönlichkeiten sind und nicht zu Unpersonen werden, können und müssen wir eine Menge tun. Es wird uns in dieser Beziehung nicht allzuviel in den Schoß fallen.
Im Kapitel »Wille zum Glück« sind mannigfache Möglichkeiten aufgezeigt, wie wir es und uns anpacken können, um zum Erfolg zu kommen.
Als ich noch ein junges Mädchen war, hatte ich eine große Schwäche für die Mütter meiner Freundinnen und noch eine größere für zwei ganz bestimmte Damen – die ich nicht kannte, die ich aber regelmäßig sonntags beim Gottesdienst bewundern konnte. Es waren für mich die zwei schönsten Frauen, die ich je gesehen hatte.
Genau kann ich heute natürlich nicht mehr ausmachen, wie alt sie damals waren, aber etwa Mitte Vierzig – Anfang Fünfzig werden sie gewesen sein. Eigentlich hätten sie mir steinalt erscheinen müssen. Taten sie aber nicht. Ich bewunderte ihren Schick, ihre Eleganz, und heute stelle ich fest, daß ich nie bemerkte, ob sie in Begleitung die Messe besuchten. Mir erschien viel wichtiger, ob sie neue Hüte trugen und welche Farbe ihre Handtaschen hatten. Und wenn die Schuhe »Stöckelschuhe« waren, dann schmolz ich dahin. Was die Männer damals anging, so schwärmte ich für Gregory Peck und Gary Cooper.
Aber was ich Ihnen mit dieser kleinen Rückblende in meine Jungmädchenjahre deutlich machen möchte, ist, daß wir vielleicht auch von jungen Menschen angeschwärmt werden, ohne es zu wissen. Und das finde ich aufregend.
Es gibt da noch eine nette Geschichte aus heutigen Tagen, die ich Ihnen nicht vorenthalten möchte. Sie wissen ja unterdessen, daß ich Freundinnen habe, mit denen ich auch ab und zu eine Reise unternehme. Unsere Männer sind da –

welch ein Glück – sehr großzügig und meckern nicht (wir würden auch trotz Meckerns reisen).
Ich war also mit meiner Freundin Gisela unterwegs, genau gesagt in Südfrankreich. Wir untenahmen viel, besuchten Museen, Konzerte und machten ausgiebige Spaziergänge, wir schwammen im Mittelmeer, und wir faulenzten selbstverständlich. Genauso selbstverständlich »hübschten« wir uns an, um uns auf die Terrasse eines weltberühmten Hotels zu setzen. Wir ließen die wärmenden Sonnenstrahlen auf unsere Gesichter und Arme fallen, waren vergnügt und unterhielten uns ausgelassen – zum offenkundigen Erstaunen und zur Erheiterung zweier gutaussehender Herren – ebenso im reifen Alter wie wir, also im besten Mannesalter. Durch unsere fröhliche, ungekünstelte Art fühlten sie sich offensichtlich ermuntert, uns zu einem Drink einzuladen.
Da staunten wir. Immerhin zählten wir beide zusammen hundert Jahre! Da ich ja für alles eine Erklärung brauche und den Dingen auf den Grund zu gehen pflege, mußte ich herausfinden, woran das wirklich lag. Denn um uns herum saßen die jungen, hübschen – vielleicht gar zu hübschen – Frauen wie aufgereiht auf den zierlichen Korbsesselchen und nippten mit verführerischen Lippen an ihrem Eiskaffee. Sie waren auffällig zurechtgezwirbelt und hatten offensichtlich Natürlichkeit an der Garderobe abgegeben, denn sie verzogen, während sie sich unterhielten, keine Miene – von einem Lächeln oder gar einem Lachen nicht die Spur. Sie waren zumeist wohl weniger als halb so alt wie jede von uns. Was also veranlaßte die beiden tollen Männer, uns »gackernde, alte Hühner« kennenlernen zu wollen?
Ich habe es bald herausgefunden, und ich möchte es Ihnen zur Nachahmung weiterempfehlen: Es ist die Natürlichkeit, die Lebensbejahung, die aus einem Gesicht leuchten muß! Sie fanden uns einfach herzerfrischend lustig.
Und das wiederum ist die Kunst der Erfahrung der Reife. Die Verkrampfung ist draußen. In unserem Alter hat man

auch im Privatleben in aller Regel seinen Weg gefunden. Doch die Sorge, alleinbleiben zu müssen, ohne liebenden Partner ein Frauenleben durchleben, ohne Geborgensein alt werden zu müssen, macht unfrei und verspannt.
Genießen wir es, daß wir das hinter uns haben. Wir sind eben die Frauengeneration, die keine Probleme macht, nicht für den Mann und nicht für die Gesellschaft – auch dann nicht, wenn wir alleine leben.
Übrigens, der Kater namens Goliath liegt immer noch auf meinem Manuskript. Jetzt allerdings schläft er fest. Ich höre nur ein ganz leises, zufriedenes Schnurren. Ob ihn das Klappern der Schreibmaschine so schläfrig gemacht hat? Ich streichle ihm sacht über das schwarze Fell und bin in Gedanken schon wieder bei uns Frauen.
Die Welt der reifen Frau ist kein Abenteuerroman und keine »Seifenoper«, aber sie ist reich an Gefühl und Herzlichkeit und nicht ohne angenehme Überraschungen. Manchmal naturgemäß auch unangenehme. Aber die reife Frau läßt sich nicht mehr aus der Fassung bringen. Sie krempelt die Ärmel hoch, spuckt in die Hände und sagt sich: »Nur her mit den Schwierigkeiten. Probleme sind da, um gelöst zu werden.« Und mit Geschick und Fingerspitzengefühl macht sie sich an die Arbeit.
Sie macht sich viel Mühe, um die Familie zusammenzuhalten, sie hält regen Kontakt zu Verwandten und arrangiert Familientreffen. Sie hat jetzt Zeit, keinen Geburtstag zu vergessen, und ihre Aufmerksamkeit gegenüber Nachbarn und Bekannten ist vorbildlich. Ihre Freunde bedenkt sie mit Interesse und Anteilnahme an allem, was sie bewegt und beschäftigt, und sie gibt ihnen dabei ihre ganze Wärme und Zuwendung.
Ihr Mann oder ihr Lebensgefährte hat eine umsichtige Partnerin, die sich ab einem gewissen Alter nur noch auf ihn konzentriert, ohne sich durch sonstige Alltagsquerelen ablenken lassen zu müssen. Meist ist sie schon von Belastungen

frei, während er noch im Berufsleben steht, und so hat sie alle Möglichkeiten, ihn zu verwöhnen, und sie tut es. Sie hat sogar die Gabe, den Zauber der ersten Ehejahre wieder aufleben zu lassen – die Zeit, in der sich beide Partner noch ganz allein gehörten. Jetzt gehören sie sich wieder. Sie empfängt ihren am Abend nach Hause kommenden Mann aufgeräumt, ausgeruht, entspannt und heiter. Das mit Phantasie und Liebe bereitete Abendbrot steht schon bereit, der hübsch gedeckte Tisch lädt zum Essen ein.

Derlei angenehme Dinge sind eben erst jetzt wieder möglich, wenn die lieben Kleinen nicht mehr ins Ballett chauffiert werden müssen, in die Klavierstunde, zu einem Freund oder zu einer Nachhilfestunde.

Abends kann man auch gemütlich sitzen bleiben, miteinander plaudern, lesen und nebenher ein wenig Musik hören, oder fernsehen. Es ist nämlich keine Tochter auf einer Party, die abgeholt werden muß, und auch kein minderjähriger Sohn will mitsamt seiner Gitarre unterm Arm nach Hause geholt werden, wenn er den Nachmittag musizierend bei seiner Band verbrachte. So ist unter das häusliche Dach Ruhe eingekehrt, und die Romantik hat wieder ihren festen Platz im Alltag.

Wie rührt es mir ans Herz, wenn ich auf einer Parkbank ein nicht mehr allzu junges Paar händchenhaltend beobachten kann. Auch sehe ich oft reife Frauen in vertrauter Umarmung mit ihrem Begleiter spazierengehen. Eine innere Freude erfaßt mich dann, und ich fühle mich wieder bestätigt in meiner Meinung über die reifen Frauen.

Sie sind eben noch lange nicht »weg vom Fenster«. Mittendrin im Leben haben sie ihren Platz, der so wichtig ist für die menschliche Gesellschaft. Wie kalt und verlassen wäre diese ohne die Frau mit Erfahrung und Lebensklugheit, die Frau, die ausgleichend und entkrampfend wirkt, die nicht mit ihren Gefühlen geizt, sondern verschwenderisch mit ihnen umgeht.

Sie hat keine Scheu zu zeigen, was ihr Herz bewegt. Sie verliert nicht ihr Gesicht, wenn sie beim Anblick großer Grausamkeit oder großen Elends ihre Bewegung zeigt, wenn sie in Tränen ausbricht beim Erleben tiefer Trauer oder wenn ihr großer seelischer Schmerz begegnet. Sie verliert auch nicht ihr Gesicht, wenn sie verliert, statt zu gewinnen.

Da zeigt sich dann die Größe einer reifen Frau, die vom Leben nie geschont, nie mit Glacéhandschuhen angefaßt wurde, die aber das pulsierende Leben in sich trägt und es hinauszutragen versteht in die Familie, an den Arbeitsplatz, zu Freunden und Bekannten – wo immer sie mit ihrer Persönlichkeit Einfluß nehmen kann.

Die reife Frau von heute hat eine Aufgabe zu erfüllen. Sie verwirklicht das, was man von ihr erhofft. Sie ist keine Witzblattfigur, sie ist keine Matrone und kein keifender Hausdrachen. Diese Karikaturen der Frau in den Jahren gibt es nur noch in Schauermärchen – und schlechten Witzen, wie wir im vorhergehenden Kapitel hörten. Die Frau, heute jung, morgen uralt, ist eine Erfindung, von denen, die nicht den Schimmer einer Ahnung von uns haben. Wir haben bereits den Gegenbeweis angetreten und werden auch weiter keine Antwort schuldig bleiben – nicht geistig, nicht verbal.

Die reife Frau hat mit ihrer bewußt reifen Art zu leben eine Wahl getroffen, die sie nicht mehr rückgängig machen will. Sie stellt sich ihrem eigenen Ich, ihrer Umgebung, der Gesellschaft. Sie setzt Zeichen für die nachkommende Frauengeneration und gibt dieser Starthilfe für ein besseres Verständnis der reifen Jahre einer Frau. Sie legt den Samen, von dem sie selbst oftmals nur die Keimlinge sieht und genießen kann, der aber aufgehen und wachsen wird, bis unsere Töchter in den Genuß der Ernte kommen. Sie wird nicht müde, an allen Fronten zu kämpfen, für das Ansehen der Frauen in der Gesellschaft und der reifen Jahrgänge insbesondere.

Sie macht das natürlich mit ihren Waffen, und dann ist sie unschlagbar. Wer hätte schon weiblichem Charme verbunden mit weiblicher List etwas Gleichwertiges entgegenzusetzen? Oder wer will es mit einer Frau aufnehmen, die ihrerseits ihre Erfahrung, ihren Humor und ihren Scharfsinn in die Waagschale legt, wenn es darum geht, sie von etwas zu überzeugen, wovon sie ganz und gar nicht zu überzeugen ist? Man sollte sich in jedem Fall mit ihr zusammentun – Mann wäre damit besonders gut beraten.

Auch im praktischen Leben ist mit ihr zu rechnen und auf sie zu bauen. Sie ist der Trost ihrer Enkelkinder, und nicht selten wird der Omi ein lange gehütetes Geheimnis anvertraut. Sie trocknet die Tränen, wenn die Kleinen großen Kummer haben und Zuflucht bei ihr suchen. Sie hat Zeit und Verständnis für deren Probleme. Sie hat sich auch Hilfsorganisationen angeschlossen, macht sich nützlich in der Gemeinde und in der Nachbarschaftshilfe. Sie hilft im Altenheim, und sie macht mit Behinderten Spaziergänge – alles natürlich ehrenamtlich. Denn sie hat es sich zur Aufgabe gemacht, ihr soziales Denken in die Tat umzusetzen und nicht nur zu reden, sondern zu handeln.

Frauen, die allein leben, sitzen abends nicht etwa zu Haus und blasen Trübsal. Sie wissen immer ein junges Paar, das gerade einen Babysitter braucht, und sie machen sich gerade da unentbehrlich.

Es gibt also keinen Grund – nicht einen einzigen, traurigen oder gar verzweifelten Gedanken nachzuhängen und ihnen die Möglichkeit zu geben, sich im Gemüt festzusetzen.

Es gibt auch fast keinen Lebensbereich, in dem die reife Frau nicht ein Betätigungsfeld findet. Sie hat mit ihrer Vielseitigkeit keinerlei Schwierigkeiten sich anzupassen, einzufühlen, einzugewöhnen.

Mit welcher Begeisterung belegt sie zum Beispiel Kurse in der Volkshochschule. Einerlei, ob es sich hier um das Erlernen von Sprachen handelt, um Malerei, Literatur, Film

oder um eine Einführung in die hohe Kunst der Vollwertküche. Sie hat ein festes Abonnement im Theater, und sie setzt auch alles daran, diesen Termin einhalten zu können. Ihr Leben ist nie ohne Höhepunkte, und sie weiß sie sich einzuteilen, sie versteht es, sich zu erfreuen.
Hat sie einen Garten, so findet sie darin Entspannung und das Glücksgefühl, die wachsende Natur erleben zu können. Gartenarbeit macht ihr viel Spaß – vorausgesetzt, die Bandscheiben machen keine Probleme. (Sie erinnern sich an meinen Versuch, das Rosenbeet harken zu wollen.) Sie betrachtet mit Stolz, was blüht und gedeiht, denn sie liebt alles Lebendige. Meist gehört ihre Zuneigung auch einem Hund oder einer Katze, auch mehreren Tieren, und nicht selten sind diese Ersatz für die aus dem Hause gegangenen Kinder. Die reife Frau hat einen ausgeprägten Gerechtigkeitssinn. Halbwahrheiten und Intrigen sind ihr fremd. Sie geht einen geraden Weg und ist nicht zimperlich, jemandem die Leviten zu lesen, der sie daran hindern möchte.
Sie ist Beichtmutter und Seelentrösterin ihrer verheirateten Kinder, ohne sich in deren Angelegenheiten einzumischen. Dazu ist sie viel zu klug, und außerdem hat sie ihre eigenen ersten Ehejahre noch gut in Erinnerung. Sie weiß auch noch, wie dankbar sie war, als sie damals ihrer Mutter von den ganz normalen Schwierigkeiten einer jungen Zweierbeziehung berichten konnte, Trost und Wärme fand, ohne das Gefühl haben zu müssen, hier drängt sich jemand dazwischen.
Danach handelt sie heute. Sie weiß nur zu gut, daß Außenstehende oder Dritte nur Ratschläge geben, aber niemals Entscheidungen herbeiführen können. Ihre Erfahrung sagt ihr, daß Zuhörenkönnen oft schon eine große Hilfe darstellt. Wenn sie als Mutter, Schwiegermutter oder als Tante bei einem jungen Paar zu Gast ist, dann hat sie so viel Takt und Feingefühl, daß sie unter einem Vorwand den Raum verläßt, wenn die Luft dick und die Stimmen der Jungen lauter und

heftiger werden. Sie weiß, wie fehl am Platze man in solchen Situationen ist und daß die Lage besonders für das Schwiegerkind dann außerordentlich peinlich werden kann.
Sie geht auch nicht mit dem gefürchteten »Staubsucherblick« durch die Wohnung ihrer Kinder, erhebt nicht schulmeisterlich den Zeigefinger – meist ist es dann der rechte – wenn einmal schmutzige Socken im Treppenhaus und abgerissene Knöpfe im Eßzimmer herumliegen. Das alles und ähnliches übersieht sie klugerweise. Der Besuch der Schwiegermutter hat auf diese Weise nichts Beängstigendes mehr an sich. Sie kommt als lieber Gast und hilft der meist berufstätigen jungen Mutter.
Sie mischt sich natürlich auch keinesfalls in die Erziehungsmethoden ihrer Kinder ein, denn sie weiß, wie schädlich sich so etwas auf junge Menschen – die Enkelkinder – auswirkt. Etwas völlig anderes ist es selbstverständlich, wenn sie die Rolle des Tränentrockners übernimmt und zum großen Tröster für jeglichen Kummer im Kinderherzen wird.
So sind wir die reifen Frauen, die reif sind für das Leben und seine mannigfachen Aufgaben.
Ein ganz wichtiger Stein fehlt allerdings noch im Mosaikbild der reifen Frau: Sie ist die ideale Geliebte!
Sie ist nicht dem Wahn verfallen, sich etwas zu vergeben, wenn sie sich der Übermacht der Gefühle hingibt ohne Rücksicht auf Ort und Zeit. Sie kokettiert nicht mit einer gespielten Zurückhaltung, sondern zeigt dem Geliebten, daß auch sie wünscht, was er will. Sie erkennt die Gunst der Stunde und wird sie nutzen, von dem einzigen Gedanken beseelt, das Leben, das Begehrtsein zu spüren.
Sie giert auch nicht nach dem Trauschein. Denn Nachwuchs ist kein Thema mehr. Sie ist frei in jeder Beziehung und von allen Zwängen, und so gibt sie sich auch. Ihr Mann hat eine einfallsreiche und wissende Bettgefährtin. Sie kann genießen und spielt ihre erfahrene Weiblichkeit mit großem Können aus.

Sie ist niemals langweilig. In ihrer Liebe nicht fordernd, hat sie Verständnis und Geduld, und sie bringt eine gehörige Portion Humor und Fröhlichkeit in das Schlafzimmer und auf das Kopfkissen. Dem Mann, dem sie sich mit Leidenschaft und Genuß hingibt, gibt sie das Gefühl, ein König zu sein.

Sie macht ihn, indem sie ihn ermuntert, zum Meister in allen Liebeslagen und verhehlt auch keineswegs, daß sie ebensoviel Freude an seinem Körper hat wie er an dem ihren. Sie weiß auch vertraute Zärtlichkeiten und innige Berührungen zu genießen, auch dann – und manchmal gerade dann – wenn nicht das große Himmelstürmen sie fortreißen wird. Die Nähe des Geliebten allein bedeutet ihr bereits Glück. Ihre Gabe, auch außerhalb des Schlafzimmers leise, behutsame unverwechselbare Signale abzugeben, ihrem Mann und Geliebten zu bedeuten: Ich habe einen liebesbereiten Körper, sind weitere Eigenschaften einer Frau, die die Reife und das Wissen um das Leben in ihren Zügen trägt. Und wohl dem Mann, der darin zu lesen und zu deuten versteht! Er wird alle Wonnen erfahren, die er aufzunehmen imstande ist, denn die reife Frau liebt nicht nur mit ihrem Körper, sondern auch mit ihrem Herzen.

Sie kann alle Register für ihn ziehen, ihm jegliche Lust bereiten, ihm seine Männlichkeit voll und ganz bewußt machen. Sie wird immer auch ihr Gefühl in hohem Maße dreingeben. Denn ihre Seele liebt mit, und ihre Hingabe ist absolut. In ihrer Zuwendung spiegelt sich ihre Persönlichkeit, und deshalb ist sie ohne Beigeschmack, ohne schale Nachwirkungen. Sie ist Freude.

Schillernde Eigenschaften der idealen reifen Frau? Wir können natürlich nicht alle Tugenden gleichzeitig auf uns vereinen, und doch sollten wir den Ehrgeiz haben – wir müssen ihn sogar haben – diese ideale Frau zu werden. Dann aber haben wir einen Berg von harter Arbeit zu bewältigen. Ein starker Wille muß täglich zum Einsatz kommen und ein nimmermüder Drang zum Glücklichsein uns antreiben. Auf diesem Weg zum Ideal sind wir auch gar nicht so hilflos, wie wir vielleicht meinen. Wir müssen uns nur auf unsere ganz konkreten Stärken besinnen. So können wir durch unseren praktischen Verstand überzeugen. Wir sind großartige Hausfrauen, obwohl wir nicht das Heimchendenken haben. Wir sind nicht auf männliche Hilfe angewiesen, wenn eine Lampe repariert, ein verstopfter Abfluß wieder durchlässig gemacht werden muß, und ich weiß von vielen meiner Altersgenossinnen – ich zähle leider nicht dazu –, daß sie sogar Autoreifen wechseln können. Ich verblüffe dafür meinen Mann, indem ich bei Bedarf selbst Schneeketten auflege. Diese Aufzählung unserer Fähigkeiten zur Selbsthilfe könnte ich fast beliebig fortsetzen. Es ist eigentlich gar kein Wunder, daß wir Frauen mit Argwohn betrachtet und, wie wir unterdessen wissen, oft heftig angegriffen werden. So ist es für mich nur eine logische Folgerung, daß derjenige, der uns verunsichern will, selbst mehr als unsicher ist, daß der ganze lächerliche Feldzug gegen die reife Frau ein Zwergenkrieg ist, von dem wir nichts zu befürchten haben. Wir brauchen nur den Mut, unser Selbstbewußtsein auch zu zeigen, nie klein beizugeben und uns zu verbitten, auf ein Abstellgleis abgeschoben zu werden.

Seien Sie mir nicht böse, wenn ich mich wiederhole, es muß sein: Wir einzig und allein haben es in der Hand, die Weichen zu unseren Gunsten zu stellen, damit wir nie auf besagtem Gleis landen werden. Auch wenn Sie manchmal das Gefühl haben, sich doch dort zu befinden, weil Ihnen das Kämpfen, das Sich-behaupten-Müssen zu mühsam und zu ermüdend erscheint, weil Sie vielleicht zunächst wenig Erfolge zu verbuchen haben, dann machen Sie es so wie ich – eine Möglichkeit unter vielen – und hängen Sie sich Ovids Spruch »Mut erobert alle Dinge« übers Bett und an sichtbarer Stelle in der Küche auf. Oder hören Sie auf Ihre innere Stimme, die Ihnen sagt: mit mir nicht.

Sie können mir glauben, derlei Stützen sind sehr hilfreich und helfen dem erschlafften Selbstbewußtsein wieder auf die Beine.
Still dulden und heimlich in Kissen weinen ist in den allerseltensten Ausnahmesituationen erlaubt. Wenn Sie jemand zum Weinen bringt, ist er es ganz bestimmt nicht wert gewesen.
Das mag hart und fast verbittert klingen, ist aber gar nicht so gemeint. Es ist nur ein Zeichen dafür, daß wir uns endlich auf uns selbst besinnen in einer Zeit, in der es längst Vergangenheit sein sollte, daß Frauen um die fünfzig ihre Daseinsberechtigung ständig unter Beweis stellen müssen.
Es muß eine Selbstverständlichkeit werden, daß unsere Jahrgänge im Bewußtsein der Männer und der Gesellschaft im Zusammenhang mit allem Negativen, womit man uns bisher behängen wollte, kein Thema mehr sind. Wir sind nur ein Thema, wenn von hinreißenden Frauen erzählt wird, von Charme und Anmut die Rede ist, wenn man von Verständnis und Geduld spricht, wenn man der Frau ohne Alter ein Loblied singt. Wir werden den unverbesserlichen, ewig Gestrigen ihren Zahn schon zu ziehen wissen.
Ich habe in diesem Kapitel versucht, mit Ihnen auf die Barrikaden zu gehen. Es ist ein unvermeidlicher Gang, wenn wir auch nur das Geringste bewegen wollen. Die ebenso überkommenen wie unzeitgemäßen Vorurteile über uns stecken in derart trägen, hölzernen Köpfen, daß es einen anderen Weg überhaupt nicht gibt.
Wir erfahren es ja stündlich am eigenen Leib. Denn wir sind die Frauengeneration, die zwischen zwei Stühlen sitzt, nämlich der laut verkündeten Emanzipation der Frauen einerseits und einer Tradition andererseits, der wir aufgrund unserer Jahrgänge noch immer verhaftet sind. Wir sind hin- und hergezogen zwischen diesen beiden Polen, und wir müssen aufpassen, daß wir im Kampf um unsere Weiblichkeit nicht in Stücke gerissen werden. Dann hieße es, wir haben

die Tradition verloren und die Gleichberechtigung nicht gewonnen.
Dahin geht nicht unser Streben. Wir werden sowohl das eine als auch das andere sorgfältig prüfen, die Spreu vom Weizen trennen und dank unserer Lebenserfahrung einen Cocktail mixen, der unserer Persönlichkeit entspricht und zur Ehre gereicht.
Das Stichwort heißt Persönlichkeit. Wie eine Frau in unseren Jahren sein kann, wenn sie glücklich, ausgeglichen, zufrieden ist und wenn sie an sich arbeitet, erfahren Sie auf den nächsten Seiten.

Der Wille zum Glück

»Wer mit dem Leben spielt,
kommt nie zurecht –
Wer sich nicht selbst befiehlt,
bleibt immer Knecht.«

(Goethe)

Das Zitat beinhaltet schon alles, was ich Ihnen in diesem Kapitel sagen möchte. Wir werden uns ein wenig über diese klassischen Worte unterhalten und über unsere Möglichkeiten, ihnen Folge zu leisten.

Mit anderen Worten als es Geheimrat Goethe so treffend formulierte, hieße das, sich an den berühmten Riemen reißen. Schlafen wir nicht, wenn wir wollen, daß unsere Träume sich erfüllen. Bei jedem morgendlichen Aufstehen heißt das ganz konkret, daß wir uns nicht mit schweren Gliedern ins Badezimmer schleppen, sondern erst einmal die Fenster öffnen und ein paarmal die Arme kreisen lassen, bewußt unsere Lungen vollsaugen mit der hereinströmenden frischen Luft, einen Blick nach draußen werfen – und uns, egal ob es regnet, schneit oder die Sonne lacht, bewußt machen, daß uns ein neuer Tag erwartet. Wir begrüßen ihn frohgelaunt und mit Schwung. Und da sich ja jede Frau mehr oder weniger lang vor dem Spiegel aufhält, so ist das eine hervorragende Gelegenheit, schon am frühen Morgen ein freundliches Gesicht zu sehen: das eigene.

Lächeln Sie Ihr Spiegelbild ruhig an und behalten sie diesen positiven Gesichtsausdruck. Nehmen Sie sich fest vor, ihn den ganzen Tag über nicht mehr zu verlieren. Das ist ein gutes Rüstzeug für den heranschleichenden Alltag.

Sie merken schon, worauf ich hinaus will: Für unsere gute oder schlechte Laune, für unseren Frohsinn oder für unseren Griesgram sind wir ganz allein selbst verantwortlich. Wir können es nichts und niemandem anlasten, wenn uns der Dreck auf der Straße oder die Fliege an der Wand ärgert.
Die Fliege an der Wand ist natürlich schon so eine Sache, vor allen Dingen dann, wenn sie die Wand verläßt und mit diesem nervtötenden Sägeton unablässig Angriffe auf das Gesicht oder die Arme macht, während der Besitzer derselben friedlich schlummern möchte. (Sie erinnern sich an meinen Großvater und den Spazierstock?) Doch eine einzige Fliege erschlagen hieße, wenn man auf dem Lande lebt, so wie ich, nur eines der Häupter der Hydra abschlagen, und so unterläßt man es besser.
Irgendwann einmal habe ich mir vorgenommen, mich von nichts und niemandem mehr ärgern zu lassen.
Das Verb heißt schließlich »sich ärgern«. Also tue ich mir das selbst an; nur ich selbst kann mich ärgern, niemand sonst.
Wenn man sich das einmal klargemacht hat, dann weiß man, daß man damit nur dem eigenen Wohlbefinden schadet, wer will das schon! »Mensch ärgere dich nicht« haben wir als Kinder gespielt, und wir wurden dabei um so mehr zum Gespött der anderen, je mehr wir uns ärgerten.
Aber was mache ich, wenn mir doch einmal der Kragen platzen will und ich vor ohnmächtiger Wut nicht mehr aus noch ein weiß? Ich habe Ihnen im Kapitel »Abrechnung« schon eine Reihe von Möglichkeiten aufgezeigt, wie man sich retten kann. Wie Sie sich aber erinnern können, ging es dabei doch um mehr oder weniger geringfügige Probleme.
Hier aber wollen wir einmal den »Ernstfall« proben.
Nehmen wir also an, Sie sehen sich einer Situation gegenüber, die Sie aus der Fassung bringt, Sie bis ins Mark erschüttert und Sie vor Zorn erbeben läßt.
Es gibt nur zwei Dinge, die das schaffen dürfen: Gleichgül-

tigkeit oder böse Absicht. Dabei ist das eine so belastend und schlimm wie das andere. Beide unterscheiden sich nur in einem: Der bösen Absicht kann man begegnen, der Gleichgültigkeit nicht. Wir haben es also mit zwei völlig verschiedenen »Gegnern« zu tun. Sollte jemand uns gegenüber Gleichgültigkeit demonstrieren, indem er unsere persönlichen Wünsche und unsere Neigungen mißachtet, kaltschnäuzig über sie hinweggeht als wären sie nicht vorhanden, dann kann es nur eine einzige Reaktion geben: k e i n e! So ein Mensch wird aus unserer Gedanken- und Gefühlswelt für immer verschwinden.

Eine völlig andere Handlungsweise erfordert von uns die böse Absicht, mit der man uns treffen und herausfordern will. Diese Herausforderung sollten wir annehmen! Aber wie? Wir müssen all unseren Verstand und unser weibliches Gespür in eine Waagschale werfen. Zuerst denken, bevor wir reden oder handeln. Ruhe bewahren, vielleicht sogar lächeln, wenn ein Schwall von Boshaftigkeit und Gemeinheit über uns herniederprasselt. Den anderen immer ausreden lassen, bis die Luft heraus und das Pulver verschossen ist. Wenn es die Situation erlaubt und wir eine Nacht über die Sache schlafen können, dann sollten wir das nutzen.

Aber leider dulden viele Dinge keinen Aufschub, und wir müssen sofort reagieren. Dann sollten wir uns mäßigen, in einem ruhigen Ton und mit bewußt leiser Stimme sachlich antworten. Wir sollten uns vielleicht sogar entschuldigen, wenn uns ein Fehler oder Mißgeschick unterlief. So werden wir unserem Angreifer den Wind aus jedem Segel nehmen. Denken wir daran, daß wir uns niemals provozieren lassen, daß wir uns niemals auf dieselbe Stufe stellen dürfen, von der aus man glaubt, uns angreifen zu können!

Aber es muß ja nicht immer von einer Person ausgehen, wenn wir getroffen, verletzt sind, uns in die Enge getrieben fühlen. Es gibt genügend innere und äußere Umstände, die unser Innerstes erschüttern, ohne daß böser Wille oder intrigantes Verhalten dahinterstecken. Wie sollen wir dann vorgehen? Richtig verhalten wir uns, wenn wir uns klarmachen, ob und wie wir die Lage meistern oder ändern können. Kennen Sie das Gebet: »Gott gebe mir Gelassenheit / Dinge hinzunehmen, die ich nicht ändern kann, / den Mut, Dinge zu ändern, die ich ändern kann, / und die Weisheit, das eine von dem anderen zu unterscheiden.« (Fr. Chr. Oetinger, 1702–1782).

An Mut und nötiger Weisheit mangelt es uns ja nicht. Nur um die Gelassenheit müssen wir meist heftig ringen, und dies führt dann zu Fehl- und Kurzschlußreaktionen oder, schlimmer noch, zu einer falschen Einschätzung der Sachlage. Also ist auch hier ruhig Blut bewahren oberstes Gebot. Zur Mäßigung muß man sich zwingen können. Gerade uns reifen Frauen dürfte das nicht allzuschwer fallen, sollten wir doch stets den berühmten ruhenden Pol bilden, in unserem Handeln und Denken eine wohltuende Gelassenheit ausstrahlen.

Das ist natürlich – wenn man nicht schon ein Leben lang in Übung ist – ein schwieriges Unterfangen und erfordert von uns einen starken Willen. Am Anfang steht deshalb natürlich wieder einmal die Erkenntnis: Hier muß etwas anders werden, hier muß ich an mir arbeiten!

Sie glauben nicht, wie befreiend und beglückend es ist, wenn man nicht jedem Gefühl, jeder Attacke von außen und innen, ausgeliefert ist, sondern als Frau der Lage über den Dingen steht.

Über den Dingen können Sie freilich nur stehen, wenn Sie Ihren Verstand gebrauchen. Es geht auch in unserem reifen Frauenleben nicht ohne ihn. Und – je mehr Sie Ihren Verstand gebrauchen, desto mehr können sie Gefühl zeigen. Das ist eine Kombination, die unschlagbar und immer richtig ist.

Die Menschen, die mit mir häufig zusammen sind, wissen, daß ich die beschworenen Tugenden auch nicht immer beherzige und schon gar nicht mit der Muttermilch eingesogen habe. Es ist auch für mich ein ständiger Kampf mit mir selbst, bei dem ich Rückschläge erleide, mit denen ich fertig werden muß. Sie haben immer etwas mit Mangel an Persönlichkeit, Mangel an Charakter zu tun, und deshalb müssen wir alle ständig an uns arbeiten.

Schließlich, so meine ich, sind wir auf der Erde, um unsere Mitmenschen zu erfreuen, angenehme Glieder der menschlichen Gesellschaft zu sein, nicht knorrige oder gar bösartige Gestalten, die nicht dazu beitragen, daß unsere Erde liebevoller, nachsichtiger, klüger und menschenfreundlicher bevölkert wird. Wenn wir uns täglich neu vornehmen, in diesem Punkt voranzukommen, dann kommen wir auch voran – mit kleinen Schrittchen zwar – aber stetig.

Damit stößt man natürlich ganz automatisch auf die Frage, wie man überhaupt einen solchen Drang in sich aufspüren, ein Umdenken planen kann. Woher weiß ich denn, ob es richtig oder falsch ist, was ich tue?

Das ist ein Lernprozeß, den wir alle durchmachen müssen und der nie ein Ende haben wird. Denn wir streben zwar nach Vollkommenheit, wollen ihr so nah wie möglich kommen – erreichen aber werden wir sie nie.

Ein sehr gutes und wirkungsvolles Mittel, ein glücklicher Mensch zu werden, ist die Freude, der Humor, vor allem das Sich-freuen-Können. Die Begeisterungsfähigkeit über das erste Grün zum Beispiel, die ersten Gänseblümchen, das Zwitschern der Vögel, den Händedruck eines lieben Menschen, einen verständnisvollen Blick, über das Knistern des Feuers im Kamin, ein Danke, wenn wir einen Gehbehinderten über die Straße geleitet haben.

Sie spüren sicher, wo das Wesentliche zu suchen ist: Wir müssen uns unsere Umwelt bewußt machen. Die Möglichkeiten, die wir haben, um uns zu freuen, um unsere Seele zu streicheln, sind Legion.

Wenn wir nur immer darauf warten, daß etwas Weltbewe-

gendes geschieht, werden wir die Freuden des Alltags nie erleben, da wir einem Hirngespinst nachjagen, einer Fata-Morgana, die uns zum Narren macht. Wir haben noch ein wunderschönes Leben vor uns, wenn wir richtig damit umzugehen verstehen, und das heißt: jeden Augenblick leben, das Leben lieben, genießen können.
Wenn Sie noch heute damit anfangen, dann sind Sie auch heute schon ein gutes Stück weitergekommen auf Ihrem Weg zum Glücklichsein. Wir müssen unsere Sinne schulen, ständig im Training bleiben. Denken Sie daran! Erinnern Sie sich an die schönen und liebenswerten Kleinigkeiten, die ich oben nannte. Das Glück – es liegt wirklich auf der Straße. Wenn wir nicht achtlos an ihm vorbeistolpern, dann finden wir es auch.
Jeder Mensch bekommt in seinem Leben immer wieder die Chance, sich in einer ganz bestimmten Sache so oder anders zu entscheiden. Die getroffene Entscheidung bestimmt sein Leben. Selbstverständlich spielt auch die Veranlagung eine nicht zu unterschätzende Rolle, aber da wir alle mit einem freien Willen ausgestattet sind, können wir uns entscheiden, diesen oder jenen Weg zu gehen. Ich habe jedenfalls immer die Möglichkeit, mich *für* das Leben zu entscheiden oder dagegen. Selbst schlimmen Schicksalsschlägen kann man mit Mut und dem Willen zum Glück begegnen. Man kann sich aber auch unterkriegen lassen, sich nicht wehren gegen Schläge von außen.
Es darf natürlich nicht bei den guten Vorsätzen bleiben. Was helfen uns die beste Idee, der einfallsreichste Gedanke, wenn sie nicht in die Tat umgesetzt werden, nicht mit Leben gefüllt unseren Alltag bereichern und uns froh machen?
Eine Theorie kann noch so begeisternd sein – wenn sie nicht in die Praxis umgesetzt wird, bleibt sie eben Theorie und somit leblos. Praxis heißt das Gebot der Stunde, und damit wollen wir uns jetzt ausgiebig beschäftigen.
Das morgendliche Armkreisen, Gymnastik, Luftholen ist

unterdessen nichts Besonderes mehr, das ist bereits Routine und gehört dazu wie das Zähneputzen.
Aber Ihre Gymnastik sollte sich nicht nur auf Lockerungsübungen beschränken. Sie sollten gezieltes Muskeltraining betreiben und dadurch zur Erhaltung Ihrer Gesundheit beitragen.
Ungemein wichtig ist hier die Beckenbodengymnastik. Sie wird sich günstig auf Ihre Scheidenmuskulatur auswirken, und auf den Schließmuskel der Harnröhre, und nicht zuletzt werden Ihre Gesäßmuskeln davon profitieren.
Spannen Sie – wann immer Sie daran denken – Ihre Pobakken an und verharren Sie für einige Sekunden in dieser Haltung! Dann wieder locker lassen, und das Ganze wiederholen, so oft Sie mögen. Wenn Sie beim Wasserlassen auf der Toilette sind, unterbrechen Sie den Wasserstrahl, indem Sie einfach die Muskeln anspannen, als wollten Sie den gesamten Vorgang abstoppen. Machen Sie das immer wieder. Es ist natürlich möglich, daß Ihnen das Unterbrechen nicht beim ersten Versuch gelingen wird. Aber mit der Zeit werden Sie so im Training sein, daß Sie das Wasserlassen in Etappen durchführen könnten, wenn Sie wollten.
Diese Übungen sind ein wichtiger Beitrag zur Festigung aller Muskeln im Beckenbodenbereich.
Es liegt auf der Hand, daß wir nach der Gymnastik unserem Kopf die erste Aufmerksamkeit widmen.
Das Haar ist etwas ganz Wesentliches, wenn wir uns wohl fühlen wollen. Es muß gewaschen sein, die Frisur, der Haarschnitt schick und gepflegt. Wenn wir Freude daran haben, können wir ruhig mit einer Farbauffrischung unser Aussehen verbessern und unser Wohlbefinden dadurch verstärken.
Machen Sie es sich zur Gewohnheit, nie mit einem ungepflegten Kopf das Haus zu verlassen. Das eleganteste Kleid verliert seine Wirkung, wenn es mit Fettsträhnen »gekrönt« wird. Es bedarf ja auch keiner allzugroßen Anstrengung, das

gleiche gepflegte Aussehen zu Hause, in den eigenen vier Wänden, zu einer Selbstverständlichkeit werden zu lassen. Denken Sie nur daran, wie unwohl Sie sich fühlten, wenn Sie einmal mehrere Tage das Bett hüten mußten! Man kann sich doch im Spiegel kaum noch anschauen und hat das Bedürfnis, sich den Kopf zu waschen. Wie oft kann man da den Stoßseufzer hören: »Wenn ich mir nur mal wieder die Haare waschen kann, dann geht es mir gleich wieder besser!« Unser so ins Auge fallender weiblicher Schmuck muß also gepflegt werden und zwar immer!

Genausowenig wie die Frisur sollten wir unser Gebiß vernachlässigen, mit Löchern in den Zähnen herumlaufen oder gar mit Zahnlücken. Wo bliebe da unser strahlendes Lächeln? Auch hier entwickelt sich ein Bewußtsein, das wir vor vielleicht zwanzig oder dreißig Jahren noch nicht hatten. Kein Zoll unseres Körpers darf vernachlässigt werden. Das gepflegte Aussehen – ein Markenzeichen der reifen Frau – macht sie interessant und begehrenswert. Es soll uns auch eine Selbstverständlichkeit sein, unser Gebiß, unsere Zähne, nach jeder Mahlzeit zu reinigen, und wenn das nicht möglich ist, dann befindet sich in jeder Handtasche die praktische Zahnseide.

Haben wir keine Scheu davor, mit Make-up und Lippenstift unserem guten Aussehen ein wenig nachzuhelfen. Aber bitte Vorsicht. Zu viel ist lächerlich und wirkt unnatürlich. Schminken Sie Ihr Gesicht nie zu dunkel – Sie wissen, das macht alt. Wenn Sie Lust haben, legen Sie sich – auch hier mit Maßen – unter ein Solarium. Die leicht getönte Haut gibt dem Aussehen etwas Sportliches, Frisches, das trägt zum Wohlbefinden bei. Gerade in der kalten Jahreszeit ist die wohlige Wärme auf der Haut etwas sehr Angenehmes. Ich mache das alle vier Wochen einmal, dann hat es die Frühlingssonne etwas leichter.

Auch das Thema Brille taucht in unseren Jahren immer wieder auf. Mit ganz wenigen Ausnahmen werden wir alle

über kurz oder lang eine Lesebrille brauchen. Brillen gibt es heute in reicher Auswahl für jeden Typ. Sie lassen manches Gesicht interessanter aussehen. Ganz besonders aber kommt es auf die Gläser an. Wissen Sie schon, daß es jetzt speziell für das alternde Auge ganz bestimmte Gläser gibt, die Ihnen, ohne das lästige Schwindelgefühl zu bekommen, ein gutes Sehen von nah bis fern erlauben? Neuerdings trage ich Varelux-Gläser von Essilor, die mir das Sehen durch eine Brille äußerst angenehm machen. Fragen Sie Ihren Optiker, er wird Ihnen gerne diese neue Brillenglastechnik erklären. Wenn Sie aber, aus welchen Gründen auch immer, Ihre Brille nicht tragen können oder nicht wollen, gibt es die weiche Kontaktlinse. Sie gewöhnen sich augenblicklich an sie, und die Handhabung ist äußerst einfach. Selbstverständlich ist peinliche Sauberkeit.
Wir kommen jetzt noch einmal auf unsere Figur zu sprechen, auf das, was man noch vor dem Gesicht am ehesten von uns sieht. Unsere Silhouette.
Sie haben in diesem Buch schon mehrfach darüber gelesen, und Sie haben sich vielleicht auch schon Ihre Gedanken gemacht und gute Vorsätze in die Tat umgesetzt.
Ich möchte jetzt an dieser Stelle diejenigen Damen besonders ansprechen, die zu den gemütlichen Runden gehören, die ihre wohlgeformten Pölsterchen mit Charme und ganz bewußt zur Schau tragen. Das ist auch völlig richtig, und ich bin nicht dazu da, Ihnen Ihre ganz persönliche Note zu vermiesen. Aber eines muß klar sein: Sie müssen auch dazu stehen und keine ausweichenden und indifferenten Aussagen machen, wenn in einer Gesprächsrunde das bewußte Thema die Gemüter erregt. Das sind Sie, das ist Ihre Persönlichkeit, ist ein Attribut Ihrer weiblichen Ausstrahlung. Wenn Sie dann noch das Geschick haben, sich typgerecht zu kleiden, dann sind Sie die Frau, die von vielen Männern begehrt wird – von den Männern nämlich, die weich greifen und weich liegen wollen.

Ein Tip für Ihre ganz spezielle Kleidung: Lassen Sie sich nie dazu verleiten – und wenn die Verkäuferin noch so gewinnend ist – zu knapp, zu eng oder zu kurz Ihre Kleidung zu wählen. Ein wenig Spielraum zwischen Stoff und Haut ist ideal!
Für alle anderen Damen, die ihr Spiegelbild noch immer gertenschlank begrüßen wollen, ist nach wie vor äußerste Eßdisziplin oberstes Gebot, und hier habe ich mit der Vollwertkost, wie schon erwähnt, allerbeste Erfahrungen gemacht. Man lebt nicht nur gesund und führt seinem Körper die so wichtigen Bausteine zu, man fühlt sich auch rundum wohl und belastbar. Man ist nicht so anfällig für jeden Schnupfen und Husten, nicht jeder Windhauch bläst einen gleich um, und – man hält hervorragend sein Gewicht! Grund: Die Verdauung macht keinerlei Probleme.
Die Vollwertkost gibt uns Schwung, Energie und Vitalität! Besonders wichtig ist dabei: lassen Sie die Finger vom Zucker! Er ist ein Krankmacher. Seine Lieblingsbeute sind Vitamine und Mineralstoffe. Enzyme werden machtlos gegen schädliche Bakterien bei zu hohem Zuckergenuß.
Die Krankheiten, an deren Entstehung Zucker zusammen mit anderen denaturierten Nahrungsmitteln wie Auszugsmehl und Fabrikfetten beteiligt ist, kann ich hier nur teilweise nennen: Gebißverfall, Karies, Zahnfleischentzündungen, Parodontose, Stoffwechselkrankheiten wie Fettsucht, Diabetes, Leberschäden, Gallensteine, Nierensteine, Gicht und andere Erkrankungen des Bewegungsapparates wie Rheuma, Arthrose, Arthritis, Wirbelsäulen- und Bandscheibenschäden. Erkrankungen der Verdauungsorgane wie Stuhlverstopfung, Leberleiden, Erkrankungen der Gallenblase, der Bauchspeicheldrüse, des Dünn- und Dickdarms sowie Verdauungs- und Fermentstörungen, Gefäßerkrankungen wie Arteriosklerose, Herzinfarkt, Schlaganfall, Thrombosen. Schwächen des Immunsystems, was sich in mangelnder Abwehr gegen Infektionen fatal auswirken kann.

Jede Zuckerbombe ist ein Anschlag auf den Stoffwechsel, auf die Gesundheit. Denken wir auch an den versteckten Zucker, der in Kakaogetränken, Cola, Ketchup, Senf, Gummibärchen, Babytee, Rotkraut aus der Dose, Cornflakes usw. usw., lauert und unsere Gesundheit mit System schädigt.

Deshalb ist eine Kost aus *vollwertigen* Nahrungsmitteln vorzuziehen. Zucker aber ist kein vollwertiges Nahrungsmittel.

Gehen wir aber auch vorsichtig und sparsam mit Fetten und Ölen um. Früchte dagegen sind gut für unseren Körper. Sie geben ihm das wichtige Vitamin »C«, machen ihn widerstandsfähiger. Essen wir Frischgemüse und Getreide, so führen wir ihm Kupfer, Zink, Nickel und Kobalt zu. Das Vitamin A spenden uns frische Butter, Milch, Sahne und Käse. Vollkornbrot ist Vitamin B_6-Lieferant.

Wenn wir uns überdies genügend im Freien aufhalten, dann werden wir von Vitamin-D-Mangel verschont bleiben. Es ist das sogenannte »Sonnenschein-Vitamin« und wird uns auch durch UV-Strahlen vermittelt.

Vitamin E wiederum kommt in Weizenkeimen, Nüssen und Eigelb vor, aber auch in Kopfsalat und bestimmten Gemüsen wie Erbsen und Spinat. Dem Vitamin E wird eine stimulierende Wirkung auf die sexuelle Aktivität zugesprochen. »Bei Tieren zum Beispiel kommt es zu einem sexuellen Zusammenbruch, wenn man ihnen jegliches Vitamin E entzieht.« (Ivan Popov in »Jung bleiben«)

Zur Blutgerinnung benötigen wir Vitamin K. Es wird unserem Körper in ausreichender Menge zugeführt, wenn wir genügend grünes Gemüse, Kohl und Blumenkohl verspeisen.

Wenn Sie das Fleisch vermißt haben, dann ist es an der Zeit, daß Sie darüber Wichtiges erfahren: Die Ernährungswissenschaftler sind sich einig, daß zuviel Fleisch gegessen wird! Schlagworte wie »die Wohlstandsgesellschaft ißt sich krank« werden nicht nur im Zusammenhang mit Zucker

und Fett im Munde geführt, sondern immer mehr auch im Zusammenhang mit Fleischspeisen vorgebracht. Der ZDF-Film »Fleisch frißt Menschen« zeigte, daß übermäßiger Fleischgenuß zu einer Zunahme der Zivilisationskrankheiten führt wie Rheuma, Herz-Kreislauf-Erkrankungen, Diabetes und anderen Stoffwechselerkrankungen. Fleisch ist in Verruf geraten.
Geben Sie pflanzlichen und frischen Nahrungsmitteln immer den Vorzug. Frisches Gemüse und Obst sind am vitaminreichsten. Ein welker Salatkopf ist ebenso wertlos für unseren Körper wie eine verfaulte Tomate.
Leider ist aber die Meinung noch viel zu weit verbreitet, daß Ernährung aus vollwertigen Zutaten und ohne saftiges Schnitzel geschmacklos, langweilig und eintönig wäre. Überzeugen Sie Ihre Familie und die Gäste vom Gegenteil!
Ein Buchtip in diesem Zusammenhang: »Die Vollwertkochküche«, zusammengestellt und verfaßt von den Geschwistern Gabriele und Christel Kurz.
Dieses Buch sollte im Bücherschrank keiner modernen, reifen, gesundheits- und körperbewußten Frau fehlen.

Weil Ernährung und Gesundheit so eng miteinander zusammenhängen, muß jetzt unbedingt noch einmal die Gesundheit der reifen Frau einen Platz in diesem Buch bekommen. Im Kapitel »Ich bin keine dreißig mehr«, habe ich Ihnen kurz beschrieben, was sich in unserem Körper in den vergangenen und kommenden Jahren abgespielt hat und noch abspielen wird. Es war die Rede von Hormonen, immer wieder von Hormonen und vor allen Dingen von jenen Hormonen, die sich einfach und ohne zu fragen von uns entfernen und oftmals ein Chaos in unserem Körper und in unserer Seele hinterlassen.
Das muß nun aber keineswegs der Fall sein! Jeder verantwortungsbewußte Frauenarzt wird seine Patientin dahingehend beraten und ihr Möglichkeiten aufzeigen, wie sie ihren

Hormonhaushalt noch über Jahre im Gleichgewicht halten kann und wie ihr Körper darauf reagiert und wie wohl sie sich fühlen wird.
Kluge und einsichtige Leute haben sich gefragt: »Warum kann der Frau nicht wieder zugeführt werden, was die Natur ihr grausam entzieht?« Gesagt, getan!
Man sollte ihnen die Hände küssen! Ich selbst nehme als Hormonpräparat seit ungefähr einem Jahr Presomen compositum (Kali Chemie, Hannover), und ich bin ein neuer Mensch. Mein körperliches Befinden hat sich ebenso wie mein Seelenzustand in einem solchen Maße positiv verändert, daß ich heute wieder diejenige bin, die ich vor dem großen Durcheinander der Hormone war. Irgendwo ist dieses dem Geschehen im Körper Ausgeliefertsein erschrekkend, tröstlich und ermutigend aber auch, daß es Möglichkeiten gibt, dem Dilemma etwas entgegenzusetzen.
Ich habe nicht den Ehrgeiz, Märtyrertum an den Tag zu legen und das Klimakterium durchleiden zu wollen. Ich habe mich dem Leben verschrieben, und dazu gehört eben auch das Gefühl: Ich bin wohlauf!
Ich empfinde es auch nicht als Nachteil, daß sich die Regelblutung wieder voll eingestellt hat – Sie erinnern sich an meinen dummen, wehmütigen Blick auf die angebrochene Tamponschachtel? Eine Empfängnis ist trotzdem nicht mehr möglich.
Wir haben die Chance – die moderne Medizin und Pharmazie haben es möglich gemacht – die Uhr noch einmal zurückzudrehen. Ist das nicht wundervoll?
Melden Sie sich bei einem Arzt Ihres Vertrauens an. Sprechen Sie mit ihm. Sie werden auch erfahren, daß diese Hormongabe im reifen Alter das einzige wirksame Mittel ist gegen die von uns doch so gefürchtete schmerzhafte Osteoporose (Sie wissen, die Knochenbrüchigkeit). Wie oft hören wir von Bekannten und befreundeten Damen, daß sie mit einem Oberschenkelhalsbruch im Krankenhaus liegen oder

mit irgendwelchen sonstigen Knochenbrüchen, daß vielleicht auch eine Rückgratverkrümmung sie beugt.
Sie werden erfahren, daß sich dasselbe Medikament sehr günstig auf unsere Haut auswirkt und, was nicht genügend hervorgeht, auch der kosmetische Effekt ist also nicht zu verachten. Erfreulich ist auch die günstige Wirkung auf das Zahnfleisch. Wenn wir davon ausgehen, daß in der Bundesrepublik fast acht Millionen Frauen zwischen 45 und 65 leben und wir uns vorstellen, wie viele davon mit den typischen Beschwerden zu kämpfen haben – es sind rund 85 Prozent – dann können wir uns ausmalen, welche Wohltaten dieses Präparat der Menschheit erweisen kann.
Lassen Sie sich also, sollten sie sich belastet fühlen, nicht mit einem Beruhigungsmittel oder ähnlichem abspeisen. Sie wissen jetzt: Es gibt *das* Mittel gegen die unangenehmen Wechseljahrbeschwerden. Seien Sie nicht ängstlich! Es ist ein Segen für uns und für unsere Mitmenschen!
Haben Sie auch den Mut, den Arzt zu wechseln, sollte dieser nicht auf Ihre Wünsche eingehen. Es muß natürlich eine Indikation geben, und Sie müssen kerngesund sein. Aber sind Schweißausbrüche, schlaflose Nächte, unangenehme Hautempfindungen, Stimmungsschwankungen, Herzklopfen, oft unerträgliche Schmerzen beim Geschlechtsverkehr, häufig auftretende Harnwegsinfektionen, unwillkürliche Harnabgänge beim Niesen, Husten, Springen und Hüpfen, Gefahr für Osteoporose nicht Indikation genug?
Wenn Sie von einem dieser Symptome betroffen oder gar von mehreren geplagt sind, sollten Sie sich helfen lassen, sollte Ihr *Wille zum Glück* der Motor sein. Außerdem ist es sinnlos zu leiden, wofür auch? Es gibt eine Alternative, und die heißt: Hormone.
Ich verweise hier noch einmal auf das Buch »Östrogen« von Dr. med. Lila Nachtigall, in dem in faszinierender Weise die Vorteile der Hormone beschrieben und nachgewiesen werden, und auf das später folgende Interview. Es gibt über-

haupt keinen Grund – die individuelle Verträglichkeit immer vorausgesetzt – sich dieses Hilfsmittels nicht zu bedienen. Sind wir nicht die Frauengeneration, der eine Pille erstmals zur großen Befreiung wurde? Warum also nicht auch hier sich die »Erde untertan« machen? Es ist jedes Mittel recht, das unser Wohlbefinden fördert oder gar wieder herstellt.
Auch unser Partner wird die Medizin lobpreisen. Und die Nächte werden wieder zu einem Erlebnis des geistigen und körperlichen Gleichklangs werden.
Ich empfinde es als unverantwortlich, die Dinge einfach laufenzulassen, sich und seinen Mitmenschen auf die Nerven zu gehen, ohne wenigstens den Versuch zu machen, die Lage zu ändern! Haben wir nicht sogar eine gewisse Verpflichtung dazu? Wenn wir bewußt lebende Menschen sind, wenn es uns nicht egal ist, wie angenehm oder unangenehm unsere Gesellschaft auf andere wirkt, steht das außer Frage, und es gibt darauf nur eine Antwort: Ganz gewiß. Wenn wir schon eine großartige Möglichkeit haben, unser Ich wieder dahin zu rücken, wo es hingehört, dürfen wir daran nicht vorbeigehen. Das Leben wieder zu genießen ohne Wenn und Aber muß unser Ziel sein – für uns selbst und unsere Lieben.
Allerdings könnte jetzt die Gefahr bestehen, daß wir unser ganzes persönliches Handeln und Denken einzig und allein auf dieses Ziel ausrichten. Das wäre genauso verkehrt, als würden wir uns tatenlos in ein widriges Schicksal ergeben. Die rosarote Brille gehört nicht zu den Accessoires einer reifen Frau. Im Gegenteil. Je realistischer wir unsere Situation sehen, um so effektiver können wir handeln.

Das Thema Hormone erschien mir so wichtig, daß ich alles daransetzte, um den »Hormonpapst«, Herrn Professor Dr. med. Christian Lauritzen, Chef der Universitäts-Frauenklinik Ulm und Vorsitzender der Menopausengesellschaft deutschsprachiger Länder in der internationalen Menopau-

sengesellschaft, die im Dezember 1986 auf seinen Anstoß hin gegründet wurde, und Gründungsmitglied der Osteoporose-Gesellschaft, zu einem Gespräch gewinnen zu können.
Er hat in seinem reichbestückten Terminkalender eine Lücke gesucht und gefunden, und ich durfte das eindrucksvolle Gespräch mit ihm auf Band aufnehmen.

Die Angst vor Krebs ist ganz besonders bei Frauen in den Wechseljahren und danach ein die Lebensqualität vermindernder Zustand. Und die aus Amerika etwa vor zehn Jahren kommenden, alarmierenden Statistiken im Zusammenhang mit Östrogengaben tuen noch ein übriges. Was haben Sie dagegenzuhalten?
Krebs ist nach wie vor eine mit Recht gefürchtete Krankheit, und besonders den Brustkrebs haben wir noch immer schlecht im Griff. Die Heilungschancen sind nicht so, wie wir sie uns wünschen. Wir haben die Frage Östrogene und Krebs sorgfältig untersucht, und wir können heute sagen, daß die Häufigkeit des Auftretens von Brustkrebs durch eine richtige Behandlung durch Östrogen-Gestagen eher vermindert wird. Wir machen das anders, als die Amerikaner das taten: Wir geben nicht Östrogen allein, sondern Gelbkörperhormon (Gestagen) dazu. Ich habe das immer gefordert – leider wurde es nicht genügend beachtet.
Der Brustkrebs tritt durch die Östrogenbehandlung mit Gestagenzusatz erheblich *seltener* auf. Der Brustkrebs ist bei Östrogen-Gestagen behandelten Patienten seltener als bei unbehandelten! Sie müssen sich vorstellen, die Minderung der Häufigkeit des Brustkrebses liegt bei dreißig bis vierzig Prozent, und deshalb empfehlen wir Gestagenzusatz jetzt immer, und es wird allgemein auch so gemacht. Das ist nun selbstverständlich etwas, was die Frauen sehr beruhigen kann.
Darüber hinaus haben wir auch gefordert, mit der Östrogen-

Gestagen-Gabe die Behandlung dem normalen Zyklus der Frau so ähnlich wie möglich zu machen. 1975/76 kamen aus den USA Untersuchungen, bei denen es hieß, daß das Korpuskarzinom (Gebärmutterkörperkrebs bei Östrogeneinnahme) um das Drei- bis Achtfache zunimmt. Wir haben das nie finden können! Warum nicht? Die Amerikaner haben hohe Dosen von Östrogenen gegeben ohne Gestagenzusatz und das kontinuierlich, also ohne Pause.

Was spielt sich in der Gebärmutter während der Pause ab?
In der Pause bildet sich die Gebärmutterschleimhaut zurück. Und ist da eine beginnende Krebszelle, hat sich etwas in der Erbsubstanz verändert, so ist die Zelle in der Lage, das zu reparieren. Man spricht von ›DNS repair‹. Die Erbsubstanz der Zelle kann repariert werden. Das beginnende Karzinom kann sein Zellwachstum wieder normalisieren, aber das ist nur in der Zeit der Proliferationsruhe möglich, wenn nicht anhaltend mit Östrogen stimuliert wird. In der Erholungsphase kann die Zelle sich regenerieren, und das beginnende Karzinom kann normalisiert werden.

Wie haben Sie auf die besorgniserregenden Befunde der Amerikaner reagiert?
Wir haben unseren amerikanischen Kollegen gesagt: »Was Ihr da mit der Zunahme des Gebärmutterkörperkrebses gezeigt habt, ist schlimmstenfalls das, was passieren kann, wenn man über Jahre und Jahrzehnte alles falsch macht.«

Hat sich inzwischen etwas geändert? Haben Ihre amerikanischen Kollegen sich Ihre Erfahrung zu eigen gemacht?
Inzwischen wird weltweit die Östrogen-Gestagen-Behandlung durchgeführt. Wir haben eine siebzigprozentige Reduktion der Häufigkeit des Korpuskarzinoms bei der genannten Behandlung, und man kann fast von einer vorbeugenden Maßnahme sprechen, zumal in der Übergangsphase in den letzten Jahren vor der Menopause immer das Gelbkörper-

hormon fehlt. Es ist also unbedingt darauf zu achten, daß der Zyklus in Ordnung gebracht wird.

Wie kann es passieren, daß heutzutage noch eine große Anzahl der Patientinnen eine äußerst unbefriedigende Therapie erhält?
Das hat mehrere Gründe: Manche Ärzte hegen noch überholte Vorurteile gegen eine Hormonbehandlung oder sind nicht ausreichend informiert. Sie und Laien müssen die Tatsachen zur Kenntnis nehmen. Die Patientin muß ihr Anliegen auf den Tisch bringen und notfalls den Arzt zwingen, sich sachkundig zu machen und nachzulesen. Aus diesem allgemeinen Mißstand heraus haben wir die Menopausengesellschaft deutschsprachiger Länder gegründet. Wir wollen damit zur Aufklärung von Laien und Ärzten, zur Bewußtmachung dieses Problems in der Öffentlichkeit beitragen.

Sie sprachen von einer Pause während der Hormonbehandlung, die unbedingt eingehalten werden muß. Wann und wie lange soll die Pause sein?
Dem normalen Zyklus angepaßt. Also 21 Tage Hormoneinnahme, sieben Tage Pause. Innerhalb dieser sieben Tage wird eine Abbruchblutung erfolgen.

Wie lange, wie viele Jahre wird sich die Abbruchblutung einstellen?
Bei etwa dreißig Prozent der Frauen wird sie nach fünf bis zehn Jahren zu einem Stillstand kommen. Das ist dann einfach altersbedingt.

Und wie ist es mit der reifen Liebe? Mit dem Sex nach der Menopause und später?
Das Verlangen nach Zärtlichkeit und nach geschlechtlicher Betätigung hört nie auf. Es hat seinen festen Platz in der Beziehung zweier Menschen bis ins hohe Alter. In manchen Fällen kann sich allerdings vieles ändern. Das kann am

Partner liegen oder am Auftreten von Krankheiten. Im Alter muß die Zärtlichkeit überwiegen. Man muß viel mehr aufeinander zugehen, einander helfen, verstehen, die Möglichkeiten erkunden, die Bedürfnisse erraten. Man muß aber auch daran denken, daß bei dem normalen Geschlechtsverkehr ein hoher Blutdruck ein nicht unerhebliches Risiko darstellt. Andererseits können blutdrucksenkende Mittel die Potenz schwächen, ebenso Psychopharmaka und Tranquillantien. Hier gilt es, sich auf die Partnerschaft zu besinnen und trotzdem zu versuchen, die Wünsche des anderen zu erfüllen. Es ist ohnehin der Sinn der Ehe, vom Sex zum menschlichen Verstehen zu kommen, die Zuneigung zu vertiefen.

Ich möchte noch einmal auf die Hormone zu sprechen kommen. Warum haben die Wissenschaftler Inhoffen und Hohlweg, die schon 1938 oralwirksame Östrogene-Gestagene entwickelt haben – wie Sie mir im Gespräch erzählten – niemals den Nobelpreis erhalten?
Da hat wohl die Kirche ein nicht unerhebliches Wort mitzusprechen gehabt. Bitte denken Sie an die »Pille« und ihren Erfinder Pincus, der den Nobelpreis auch nicht erhalten hat.

Die gefürchtete Osteoporose, kann sie durch Hormone beeinflußt werden?
Die Hormone stellen eine sicher vorbeugende Maßnahme dar. Es gibt nur diese eine verhütende Medikation gegen Osteoporose, und zwar muß es eine Langzeitbehandlung sein. Die Osteoporose fordert noch immer von den Frauen hohe Opfer: Das Kleinerwerden und die Schmerzen. Das alles ist so überflüssig wie »ein Kropf«.
1958 haben die Wissenschaftler Wallach und Hennemann gezeigt, daß Frauen, die mit Hormonen vorbeugend behandelt wurden, nicht kleiner werden. Außerdem kann eine bereits vorhandene Osteoporose durch Östrogen am Fortschreiten gehindert werden.

Gordan, ein amerikanischer Osteologe (Knochenarzt) und Internist hat gezeigt, daß schon 0,6 konjungierte Östrogene-Gestagene die Häufigkeit von Knochenbrüchen durch Osteoporose um 64 Prozent und 1,25 mg sogar um 95 Prozent reduzierten.

Wie kann der Laie sich informieren?
In Kürze wird es eine Fibel geben, die das »Kuratorium Knochengesundheit« und die deutsche Osteoporosegesellschaft herausgeben. Gegründet wurden diese Gesellschaften von Professor Ziegler, Professor Minne und mir. Es wird also ein Buch herauskommen, in dem Patienten leicht verständlich erklärt wird, wie die Zusammenhänge sich darstellen. Die Hormonbehandlung zur Verhütung der Osteoporose ist in ihrer Wirksamkeit über jeden Zweifel erhaben. Sie ist die einzige Methode, die Knochendichte zu erhalten. Nicht Kalzium, nicht Vitamin D, nicht Fluor, nicht Sport sind dazu in der Lage. Das ist alles gut, aber nicht ebenso hilfreich; nicht heilend, nicht vorbeugend wie Östrogene.

Wie steht es mit der Gewichtszunahme bei Hormoneinnahme?
Es ist ein Irrtum anzunehmen, daß Östrogene das Körpergewicht steigern. Nach der Menopause nehmen die Frauen ohnehin an Gewicht zu. 60 Prozent aller Frauen legen mehr als fünf Kilogramm zu. Diese Tendenz besteht auch ohne Hormone. Es besteht die Neigung, Gewicht aufzunehmen. Das geschieht durch den Ausfall der Eierstockfunktion.
Der Psychologe sagt uns: Viele Frauen, die frustriert sind (jetzt denke ich an das Kapitel »Abrechnung«) und Beschwerden haben, nehmen Zuflucht zu oraler Befriedigung ihrer Wünsche durch Zufuhr von Nahrung. Sie setzen sich ins Café und essen mehr Kuchen als früher.
Aber das ist sicherlich nicht der Hauptgrund der Gewichtszunahme. Der Hauptgrund ist eben, daß die Ovarialfunktion ausfällt und man jetzt durch die gleiche Anzahl an

Kalorien mehr zulegt als sonst. Mit Östrogenen nimmt man im allgemeinen nicht zu, man hält das Gewicht oder nimmt sogar ab. Die kleine Gruppe, die sowieso zunimmt, sollte man nicht verallgemeinern. Es sind diejenigen Frauen, die ohnehin immer Gewichtsprobleme hatten.
Allerdings kann es durch die Hormoneinnahme zu einer Wassereinlagerung kommen, was sich wiederum günstig auf die Hautbeschaffenheit auswirkt. Dies kann zu einer geringen, kurzfristigen Gewichtszunahme führen.
Als Ursache einer plötzlichen Gewichtszunahme kann auch eine Überdosierung der Hormone nicht ausgeschlossen werden. Die Patientin sollte sich dann mit ihrem Arzt besprechen und die Östrogen-Gestagen-Dosis herabsetzen lassen.

Über welchen Jahreszeitraum können Hormone eingenommen werden?
Langfristig, mindestens über einen Zeitraum von zehn Jahren, fordern die Osteologen.

Ist die Dosis immer die gleiche oder muß sie von Zeit zu Zeit umgestellt werden?
Eigentlich gibt es da nur eine Standarddosis. Nur bei Auftreten von Nebenwirkungen oder bei ungenügender Beseitigung der Beschwerden ist diese zu ändern.

Selbstverständlich wissen wir alle genau, daß uns jetzt trotz Hormongaben nichts mehr geschenkt wird. Nicht von der Natur und nicht von sonst irgend jemandem.
Machen Sie sich doch einmal die Mühe, wenn Sie unter altersgleichen Damen sind, herauszubekommen, woran es wohl liegen mag, daß es Frauen gibt, die von einer gewinnenden Ausstrahlung und faszinierendem Charme sind, während andere, die genauso hübsch gekleidet und zurechtgemacht sind, steif sind, fad und maskenhaft wirken.
Für derlei Sonderbares kann es nur eine Erklärung geben: die positive Geisteshaltung spricht oder spricht nicht aus

einem Gesicht. Das Innenleben und die Einstellung zum Leben überhaupt müssen wohl in einem harmonischen Gleichklang zu unserem sichtbaren Wesen und Erscheinungsbild stehen. Und diese Summe ergibt die unerklärliche Faszination, die von einer Person ausgeht und der man sich nicht entziehen kann, ja gar nicht entziehen möchte.
Böse Gedanken machen ein böses Gesicht, gute Gedanken ein gutes. Erinnern Sie sich? Nicht lieb, weil schön – aber schön, weil lieb. Und außerdem ist landläufige Schönheit etwas nur allzu Vergängliches. Herzenstakt, Liebenswertsein, das sind geistige Schönheiten, die unvergänglich sind. Das ständige Bemühen – aber ohne Krampf und Verbissenheit – um positives Denken, um ein heiteres Gemüt, sind die täglichen Aufgaben, die wir uns zur Pflicht und dann zur Selbstverständlichkeit machen müssen. Hier denke ich an meine Mutter, die ihren heranwachsenden Kindern immer wieder den Rat zum »Gutdenken« gab. Das Resultat ist in jeder Hinsicht erstrebenswert und erfreulich: Wir bereichern unsere Umgebung durch uns, wenn wir »gutdenken«! Wir haben die Möglichkeit, wir als einzelne, dazu beizutragen, daß das eintritt, was wir alle so sehr wünschen und wonach wir uns alle ohne Ausnahme sehnen: daß unser Leben lebenswert wird und bleibt.
Wenn wir uns darüber völlig im klaren sind, daß unser Innenleben in Ordnung sein muß, daß das wichtiger ist als alles andere, als Aussehen, Figur, Frisur, Kleidung, Make-up, Zähne, Haut, wenn wir erkannt haben, daß uns eine Vollkommenheit all dieser Äußerlichkeiten nichts nutzen wird, wenn wir nicht die Liebe in uns tragen, dann haben wir auch die richtige Einstellung und ein gesundes Verhältnis zu unserer Schönheit. Deren Erhaltung dient unter anderem auch die plastische Chirurgie, die sogenannte Schönheitschirurgie. Sie erobert langsam, aber sicher das Interesse der Frauen, denen die Natur übel mitgespielt hat oder die ihren Faltenwurf im Gesicht und am Hals nicht mehr sehen wol-

len. Sie werden über kurz oder lang einen dieser Menschen mit den »Zauberhänden« aufsuchen, um sich wenigstens einmal zu informieren.
Kosmetische Operationen sind heute kein Luxus mehr. Neben Zweitwagen, Videorekorder, Mikrowellenherd, Computeranlagen und Flugreisen sind die Erscheinungen einer technischen Zivilisation und keineswegs nur Mannequins, Film- und Fernsehstars und dem Geldadel vorbehalten.
Für jeden, der über ein durchschnittliches Einkommen verfügen kann und in finanziell geregelten Verhältnissen lebt, ist auch eine kosmetisch-ästhetische Korrektur möglich.
Krankenkassen fühlen sich erst dann angesprochen, wenn das seelische und körperliche Wohlbefinden so beeinträchtigt ist, daß man von Krankheit sprechen muß. Also ist die normale Schönheitsoperation keine Kassenleistung. Hier muß ich unbedingt einfügen, daß die zuvor beschriebene Hormonbehandlung sehr wohl eine Kassenleistung darstellt und somit für die Patientin keine finanzielle Belastung bedeutet.
Wenn also die Schönheitsoperation ein Privatvergnügen ist, könnte das womöglich das auf der hohen Kante liegende Ersparte für die Urlaubsreise kosten. Na und?
Wenn wir uns nachher wieder gerne im Spiegel betrachten, das berühmte freundliche Gesicht uns entgegenlächelt, unser Konterfei uns freut und munter macht, Komplimente einbringt und das ganze Klima in uns so verbessert, daß das Lebensbarometer wieder auf »Schön« steht – wäre das nicht einen kleinen Verzicht wert? Zumal da die Wirkung dieser Maßnahmen erheblich länger anhält als der Erholungseffekt eines Urlaubs. Man sagt, etwa acht Jahre. Ich möchte allen Geschlechtsgenossinnen, die sich gedanklich damit beschäftigen, eine Beratung nahelegen. Sie sollten das Machbare in Erfahrung bringen und sich auch mit den Grenzen der Schönheitschirurgie vertraut machen. Es wird nicht mehr allzulange dauern, dann wird der Gang zum

plastischen Chirurgen genauso selbstverständlich sein wie das Färben der Haare oder das Make-up.
Es wird natürlich auch immer Frauen geben, die solche Nachhilfen kategorisch ablehnen. Das ist auch in Ordnung. Aber für die Frauen, die der Natur gern ein wenig nachhelfen, gibt es genügend erstklassige Adressen, an die sie sich wenden können. Und merken Sie sich: Die allerbesten Chirurgen sind für Sie gerade gut genug.
In einem Magazin entdeckte ich einen Artikel über den plastischen Chirurgen Dr. P. Alexander, dessen Ausführungen und Einstellung zu besagtem Thema mir sehr gefielen, und ich versuchte, auch mit ihm ein Interview zu bekommen.
Ich saß einem dynamischen, von seiner Aufgabe beseelten, leidenschaftlichen Arzt gegenüber, dem ich einige Fragen stellen wollte:

Operationstechniken möchte ich meinen Leserinnen nicht beschreiben. Mir geht es um die Patientin. Was sind das für Frauen, die zu Ihnen in die Praxis kommen?
Körperbewußte und auch nicht körperbewußte. Es sind Frauen, die besser aussehen wollen. Sie wollen in der Gesellschaft ankommen, erfolgreich sein. Es kommen aber auch ganz einfache Frauen, die mit Erfolg und Anerkennung nicht viel im Sinn haben, sondern nur für sich allein ihr Aussehen ein wenig korrigiert sehen möchten.

Gibt es Situationen, in denen Sie eine Operation ablehnen müssen und welche?
Ja, wenn der Patient die Persönlichkeit verlieren würde, wenn das Resultat schlimmer sein würde, als der Istzustand. Es muß ein Erfolg erreicht werden können, sonst lehne ich eine Operation ab.

Gibt es Grenzen in der kosmetischen Chirurgie? Und wo beginnen sie?

Natürlich gibt es Grenzen. Wo sie beginnen, kann man so nicht sagen, das ist von Fall zu Fall verschieden.

Ist die Patientin üblicherweise aufgeschlossen und läßt sie sich von Ihnen beraten?
Sie ist sehr ansprechbar. Viele sind aufgeklärt und kommen schon mit ganz klaren Vorstellungen.
Vor fünf Jahren war das noch ganz anders. In der Zwischenzeit hat sich da einiges getan.
Das Gespräch mit der Patientin ist schon die halbe Operation. Das Gespräch nach der Operation ist dann ebenso wichtig wie das offene Gespräch davor.

Wie hoch ist der Prozentsatz Ihrer männlichen Patienten?
Im Augenblick sind von den Patienten, die eine Korrektur wünschen, noch 20–25 Prozent Männer. Die Tendenz ist steigend.

Wo liegen hier die größten Probleme und die häufigsten Wünsche?
Es sind die gleichen Probleme wie bei den Frauen: Der Wunsch nach einem besseren Aussehen.

Wie hoch ist das Risiko einer Operation?
Wir haben nach zehnjähriger Klinikerfahrung statistisch gesehen einen kaum nennenswerten Risikofaktor, und das sowohl bei der Narkose als auch der Heilung und der Narbenbildung. In seltenen Fällen sind kleine Nachkorrekturen erforderlich.

Worauf führen Sie diese positive Bilanz zurück?
Auf die sorgfältige Präuntersuchung und die lange Erfahrung.

Können Sie Einfluß nehmen auf einen uneinsichtigen Ehemann? Wollen Sie das überhaupt?
Mein Gesprächspartner ist die Patientin. Ich suche nicht das Gespräch mit dem Ehemann. Wenn allerdings von sei-

ner Seite aus der Wunsch besteht, bin ich jederzeit bereit zu vermitteln, zu erklären. Für mich besteht die Gleichberechtigung. Trotzdem rate ich den Patientinnen, sich mit ihrem Mann zu besprechen, aber gemacht wird das, was die Patientin wünscht.

Aus welchen Gesellschaftsschichten kommen Ihre Patientinnen?
Aus allen.

Und wie alt sind sie?
Vierzehn bis zweiundachtzig.

Ich habe meinen Leserinnen gesagt, daß nur der beste Chirurg für sie gerade gut genug ist. Inwieweit und wo kann die Patientin sich informieren?
In guten Frauenmagazinen gibt es Informationen und Ratschläge. Außerdem sollte die Patientin bei dem Arzt, den sie aufsucht, eine gewisse Passion für den Beruf feststellen können, und der Arzt muß ihr liegen, es muß ein Vertrauensverhältnis zustande kommen können. Es ist wie bei jedem Patient-Arzt-Verhältnis.
Erkundigen kann sich die Patientin auch bei jeder Ärztekammer und natürlich auch bei ihrem Hausarzt.

Die Operation ist bestens geglückt. Die Patientin ist hocherfreut. Inwieweit kann sie zum Langzeiterfolg beitragen?
Durch eine gesunde und abwechslungsreiche Ernährung. Kein Nikotin, in Maßen Alkohol und nur zum Genuß. Langanhaltende Sonnenbestrahlung meiden.

Kann eine Schönheitsoperation seelische Schäden beheben?
Sehr oft.

Kann der rasche Abbau der Haut, besonders der Gesichtshaut bei der Frau um die fünfzig in Zusammenhang gebracht werden mit der Hormonumstellung?
Selbstverständlich.

Was halten Sie von Hormongaben?
Unter ärztlicher Kontrolle auf jeden Fall positiv zu sehen. Hier müssen Sie auch an die Behandlung mit Eigenfett denken, die kosmetische Verbesserung des Aussehens und der Haut *ohne* Skalpell. Das Fett gibt der Haut Vitamine, Hormone, Erfrischung und Ernährung. Das Fett wird entnommen, wo es am entbehrlichsten ist – am Po. Es wird gereinigt, und im Gesicht unter die Haut gespritzt, wo man es haben möchte.

Es muß erfreulich und sehr befriedigend sein, den Frauen und auch den Männern zu einem neuen Selbstbewußtsein zu verhelfen?
Ganz gewiß.

Vielen Dank für das Gespräch.

Der Meinung des Spezialisten ist hier nichts hinzuzufügen. Eines müssen Sie allerdings bedenken – wenn Sie sich für einen chirurgischen Eingriff entschließen – und das ist ein wesentlicher Punkt: Ihr Mann oder Partner sollte Ihr Vorhaben zumindest billigen. Verstehen wird er es in den seltensten Fällen. Es sollte kein Anlaß zum Streit sein.
Es ist heute eben leider noch so, daß die wenigsten Männer den Wunsch ihrer Frauen nachvollziehen können. Da fallen dann Worte wie: Versündige dich nicht. Oder: Sei froh, daß du gesund bist. Oder: Das nenne ich, das Schicksal versuchen, u.ä.m.
Da hilft dann nur ein offenes, klärendes Gespräch. Wenn Sie dann immer noch auf Granit beißen und die Gegenmeinung für Ihre Begriffe gar zu uneinsichtig ist, Sie aber von dem dringenden Wunsch erfüllt sind, diesen Schritt zu wagen –, dann hilft nur die Flucht nach vorn. Dann müssen Sie die Angelegenheit ohne den Segen des Partners über die Bühne gehen lassen.
»Schwierig«, höre ich Sie sagen, »und nicht so ohne weiteres

durchführbar.« In diesem Punkt muß ich Sie auch ganz allein lassen und an Ihre Phantasie appellieren. Hier muß individuell entschieden werden, hier gibt es keine Pauschalratschläge. Wir haben es mit einer kostspieligen Angelegenheit zu tun, die sich außerdem über einige Wochen hinziehen wird. Aber auch hier wird der Wille zum Glück Ihre Gedanken beflügeln, und eine gute Idee wird nicht lange auf sich warten lassen.

Ich habe ganz bewußt dieses Thema etwas ausführlicher behandelt, weil ich meine, es sollte kein Tabu mehr sein. Man sollte darüber nicht mehr nur hinter vorgehaltener Hand sprechen dürfen, sondern offen und frei darüber diskutieren, wie es in vielen Ländern längst selbstverständlich ist. Amerikanerinnen zum Beispiel geben danach eine große Party.

Um gutes Aussehen und einen gepflegten Körper zu erhalten, bedarf es natürlich nicht immer eines Skalpells. Das wäre auch sehr traurig und deprimierend. Bei aller wachsenden Popularität wird der Gang zum Schönheitschirurgen immer die Ausnahme bleiben.

Was wir machen können, um uns etwas Gutes zu tun, sind Entspannungsstunden bei der Massage, beim Spazierengehen, beim Radfahren. Besonders diese Tätigkeit pumpt nicht nur die Lungen voll Sauerstoff und festigt die Beinmuskulatur, beim Treten in die Pedale werden Frust und Ärger förmlich vom Körper weggestrampelt. Wie wäre es also mit einem Fahrrad als Familiengeschenk für Sie?

Für manche Frauen ist auch eine Woche auf einer Schönheitsfarm ein nie geahnter Jungbrunnen. Diese Farmen befinden sich erfreulicherweise ausnahmslos in landschaftlich äußerst reizvollen Gegenden, und die geschulten Damen in Sachen Schönheit verwöhnen gleichermaßen einen gestreßten Körper und ein dünnes Nervenkostüm.

Allerdings muß man zu dem ganzen Themenkomplex Schönheit und Körperpflege eines wissen: Keine Schminke, keine neue Frisur oder Haarfarbe und auch kein Schönheitschirurg können zum Beispiel eine Ehe kitten. Wenn Sie nur Ihr Gesicht liften lassen wollen, weil Ihr Mann sie vernachlässigt oder betrügt oder wenn es überhaupt in Ihrer Ehe kriselt und der Haussegen schief hängt, dann wird kein verantwortungsvoller Chirurg Sie als Patientin annehmen. Ein straffer Hals oder ein faltenloses Gesicht sind keine Garantie für eine harmonische Zweisamkeit. Es gibt hierfür überhaupt keine Garantie. Das ist eine alte Tatsache.

Wohl aber gibt es Garanten für Wohlbefinden und Ausgeglichenheit, und das sind wir selbst.

Wenn Situationen auftreten, die uns bedrücken, unsere Seele und unseren Körper krank zu machen drohen, dann sind wir uns selbst gegenüber verpflichtet, das zu ändern. So etwas kann weh tun, Wunden schlagen und das innere und äußere Gleichgewicht ins Wanken bringen. Es kann sogar so weit gehen, daß wir uns für kurze oder auch mal längere Zeit nicht mehr zurechtfinden.

Es gibt genügend Beispiele, wie Frauen sich ein würdiges und selbstständiges Leben, in dem sie Ihre Persönlichkeit entfalten können und in dem sie ihr Menschsein wiederfinden, regelrecht erkämpft und mit viel Mut und Beharrlichkeit behauptet haben.

Vielleicht sind Sie sogar unmittelbar betroffen oder haben in Ihrem allernächsten Bekanntenkreis ein typisches Beispiel dafür. Sie erinnern sich, daß ich im Kapitel »Ich bin keine dreißig mehr« kurz andeutete, wie lang und oft sehr einsam mein Weg war bis ich dahin kam, wo ich heute bin. Aber mein stets ungebrochener und sehr stark ausgeprägter Wille zum Glücklichsein war Antriebskraft für mein Denken und Handeln und letzten Endes auch ausschlaggebend für den Entschluß, mein Leben grundlegend zu ändern!

Sehr jung schon verheiratet – ich zählte bei der Hochzeit gerade achtzehn Jahre – kam ich in eine Verantwortung, der ich überhaupt nicht gewachsen war. Fast ohne Vater aufgewachsen – unsere Generation ist ja eine Generation von Kriegskindern, und wir wurden größtenteils nur von unseren Müttern erzogen – suchte ich mir einen Partner aus, der für mich auch so etwas war wie eine Vaterfigur. Er hatte als Zahnarzt denselben Beruf wie mein Vater, und er war auch wesentlich älter als ich – was aber für die spätere Entwicklung überhaupt keine Rolle gespielt hat. Das gute Einkommen meines Mannes ermöglichte mir sehr bald ein ausgesprochen angenehmes Leben. Trotz meiner drei Kinder, die ich sehr rasch hintereinander bekam, hatte ich viel Freiheit – man hatte ein Mädchen, das die Kinder betreute, wenn die junge Mutter anderweitig beschäftigt sein mußte.

Ich liebte meine Kinder über alles – heute aber weiß ich, daß mir die Mutterschaft nie so richtig bewußt wurde. Mir fehlte dazu einfach noch die Reife.

Viele Reisen, große Einladungen, Kongresse und Bälle – so sehe ich heute im Rückblick mein damaliges Leben, sehr verwöhnt und auf seine Art auch sicher sehr geliebt von meinem Mann. Doch langsam, aber unaufhaltsam machte sich in meinem Herzen ein Gefühl und in meinem Kopf ein Gedanke breit: Ist das ein Leben nach deiner Vorstellung? Hast du dir so eine Partnerschaft vorgestellt? Und ich stellte bald fest, daß mich meine Perlen nicht streichelten, mein eigener schneller Flitzer sich nicht mit mir unterhielt und das wunderschön erbaute Haus so ganz und gar nicht meine Sinneswelt zu teilen vermochte. Auch mein Mann nicht. Ich befand mich in einer anderen Sphäre. Mein Fühlen und Denken waren von Emotionen geleitet und bestimmt, und das hat sich bis zum heutigen Tage nicht geändert.

Ich erinnere mich noch an den Tag, als wäre es gestern gewesen: Ich betrat mit der Gießkanne in der Hand den Salon, um die Pflanzen zu wässern. Ich war in den Tagen zuvor wohl ein wenig unachtsam gewesen, denn die Hortensie ließ Blüten und Blätter kraftlos und müde herunterhängen, und genauso sah ich plötzlich mich: als eine Blume, die nicht

gegossen wird, zumindest nicht mit dem für sie richtigen Wasser.
Was ist zu tun, fragte ich mich, und ich hatte sofort und ganz klar die Antwort vor mir: Dieses Leben, wie es jetzt ist, entspricht nicht deiner Natur. Also mußt du es ändern.
Ändern! Ändern! Am selben Tag beschloß ich »auszusteigen«, noch einmal ganz von vorne anzufangen. Ich mußte meine Persönlichkeit wieder finden, unter all den vielen Kleidern und dem Schmuck, und ich mußte meinen jetzigen Parnter verlassen, denn er bremste mich – sicher unbewußt und ungewollt – aber er bremste mich derartig, daß ich ein ständiges Unbehagen mit mir herumtrug und eine unerklärliche Sehnsucht nach etwas Unbekanntem sich meiner bemächtigte.
Das war die eine Sache.
Eine andere Sache waren meine drei kleinen Kinder.
Ich beschloß, das bisherige Leben, so gut ich konnte, weiterzuleben, versuchte, mich mehr und mehr auf meine Kinder zu konzentrieren, hatte dabei aber immer mein Ziel vor Augen: Sobald die Kinder groß genug sind, zu begreifen und vielleicht zu verstehen, werde ich mich zu mir begeben und diesem für mich bedeutungslosen In-den-Tag-Leben ein Ende bereiten. Ein neues Leben mußte ich beginnen.
Zehn lange Jahre dauerte die freiwillig auferlegte Durststrecke, und nur mein zäher Wille und die Aussicht auf etwas, das mir, meiner Person, meiner Denkweise entsprechen würde, ließen mich nicht mutlos werden oder vorzeitig die Bühne verlassen. Denn es war nur noch eine Bühne, auf der ich eine Rolle spielte, etwas darstellte, was sich so überhaupt nicht mit meiner Wesensart vertrug.
Ich weiß noch, daß ich viel weinte in jenen Jahren, aber ich gab mir auch immer wieder einen Ruck und ermahnte mich durchzuhalten – den Kindern zuliebe.
Denn eines war mir natürlich auch klar: Ein neues Leben konnte nur glückbringend für mich sein, wenn ich kein

Chaos hinterlassen würde, und das wiederum bedeutete: Drei junge Menschen mußten so gut wie fertig sein.
Nun meinte das Schicksal es unerwartet und ungeplant – für mich heute noch nicht so recht begreiflich – gut mit mir. Ich traf einen Menschen – wie das Leben so spielen kann, wenn es gut gelaunt ist –, der voll und ganz meinem Naturell entsprach, der wußte wovon ich redete, wenn ich eine Blumenwiese bestaunte, der nachfühlen konnte, wenn ich versonnen dem Zwitschern der Vögel lauschte, und mit mir ergriffen war etwa bei Klängen einer Beethovensinfonie. Der mit mir den Sinn für die feine Sprache und die wohlgesetzten Worte eines Rilke teilte, und der es verstand, mich in die Höhen einer Gefühlswelt zu begleiten, die mich immer dann umgab, wenn ich besonders glücklich war.
Dieser Mensch ist heute mein Mann.
Mit Beharrlichkeit erreichte ich eines Tages mein mir so mutig gestecktes Ziel, und langsam, aber sehr sicher wurde ich der Mensch, der ich sein wollte und meiner Veranlagung entsprechend sein mußte.
Ich weiß ganz genau, hätte ich nicht eine Kehrtwendung um 180 Grad gemacht, wäre ich heute eine zwar sehr wohlhabende, aber verbiesterte, von einer Party zur anderen eilende, argwöhnisch auf jedes neue Kleid blickende, hohlköpfig dumme Kommentare gebende, alternde, mit Schmuck behangene Frauensperson.
Ich möchte jetzt aber nicht den Eindruck erwecken, daß man nicht in gutsituierter Umgebung leben und trotzdem oder gerade deshalb ein glückliches Leben führen kann. Sicher ist das Gegenteil die Norm und mein Wunschdenken die Ausnahme gewesen. Aber für mich war diese Entscheidung, die ich getroffen habe, *lebensnotwendig*.
Für Sie soll das heißen, daß es oft eines schwerwiegenden Entschlusses bedarf, um wieder zu sich zu finden, seine Persönlichkeit an den Platz zu stellen, wo sie sich entfalten kann, wachsen und gedeihen.

Glauben Sie mir, wenn Sie etwas mit all der Kraft, die Ihnen zur Verfügung steht, wollen, wenn Sie nicht lockerlassen im Bemühen, glücklich zu sein, dann werden Sie es auch.
Fragen Sie sich, wo bei Ihnen der Treibanker liegt. Führen Sie sich vor Augen, wer oder was Sie einengt und kurzatmig macht. Fragen Sie sich: Ist das, was ich tue, tatsächlich mein Wunsch? Bin ich das wirklich? Oder müßte ich einiges ändern, einen wohltuenden Rückschnitt an mir vornehmen, damit die neuen Zweige, das neue Grün, wieder wachsen können? Damit meine Ideen nicht schon vertrocknen, bevor sie überhaupt gedacht sind?
In diesem Zusammenhang ist eines noch sehr wichtig: Sie dürfen sich nie aufgeben! Sie dürfen Ihre Persönlichkeit nicht einer Sache opfern, die es nicht wert ist.
Sie dürfen Ihre Persönlichkeit überhaupt nie opfern. Wenn Sie nicht Sie selbst sein dürfen – sei es nun durch die tyrannische Wesensart der Menschen, oder des Menschen, mit denen Sie leben, oder durch eine unannehmbare Situation – können Sie niemals glücklich werden. Sie werden nie zufrieden sein. Sie werden sich selbst nicht leiden können. Und was dabei dann herauskommt, wissen wir.
Der ganz normale Alltag hält für uns noch genügend »Nettigkeiten« bereit, die uns gegen den Strich gehen, die wir aber trotzdem hinnehmen müssen. Schließlich befinden wir uns in einem zivilisierten Land, und da gibt es gewisse Spielregeln, die man eben als anständiger Mensch einhält.
Doch beim Einhalten dieser Spielregeln verlieren wir nicht unsere Persönlichkeit – das wäre ja noch schöner. Nein, so ist das auch nicht gemeint. Es geht um grundlegende Dinge, die uns zu seelischen Krüppeln, zu Gefühlsamputierten machen und die wir als Frauen, die auch im reifen Alter noch zufrieden und glücklich sein wollen, nicht akzeptieren und nicht dulden können.
Seien Sie wachsam. Nähren Sie Ihren gesunden und lebenswichtigen Egoismus, ohne den es ein Glück nicht gibt.

Sie müssen sich mögen! Verwöhnen Sie sich und hadern und schimpfen Sie nicht mit sich, wenn Sie nicht immer so sind, wie Sie sich selbst gern sehen und wie Sie von anderen gesehen werden wollen.
In einem früheren Kapitel war schon von den Fehlern die Rede. Wenn Sie ständig Ihre Fehler bedauern und über diese lamentieren, haben Sie zum Glücklichsein überhaupt keine Zeit mehr. Es gibt eben Tage, da findet man sich besonders unattraktiv, besonders uncharmant, besonders träge, besonders schlecht gelaunt und ganz besonders fehl am Platz. Auch ich kenne diese Tage und solche Gefühle. Da ist nichts Erhebendes, nichts Beschwingtes und schon gar nichts, was auch nur im entferntesten ans Glücklichsein erinnert. Der Tag könnte schlichtweg gestrichen werden, wenn wir – ja, wenn wir nicht *wir* wären: die Frauen, die leben können. Denken Sie, auch wenn es in dem Augenblick schwerfallen mag, an Situationen, die Sie einmal sehr erfreuten, die Sie aufbauten, Sie beschwingten. Denken Sie zum Beispiel an einen Verehrer, an ein herrliches Kompliment, an einen Flirt, der Ihnen die Haut rosig werden ließ, oder an etwas völlig anderes, das für Sie ganz persönlich beglückend war. Aber hängen Sie auf keinen Fall einer trüben Stimmung nach, denn dann wird sie nur noch trüber. Sie können auch, um auf andere Gedanken zu kommen, eine Freundin anrufen, sich mit ihr zum Einkaufsbummel verabreden oder einfach zu einer Tasse Tee, nur um zu plaudern.
Und wenn sich die bedrückende Stimmung bei Ihnen häufiger einstellen sollte und sich breitzumachen droht, dann suchen Sie sich eine Beschäftigung. Sie bekommen in diesem Buch vielerlei Anregungen. Versuchen Sie herauszufinden, was Ihnen Spaß machen könnte. Jede Frau hat irgendeine Neigung, der sie schon lang nachgeben wollte, auf die sie der Familie wegen aber verzichten mußte. Jetzt ist die Zeit dafür gekommen, und jetzt kommen *Sie*.
Es gibt Frauen, die beginnen mit Farben zu experimentie-

ren. Sie malen Ikonen oder bemalen Glas. Eine Freundin von mir – sie ist um die sechzig – hat ein besonders ausgefallenes Hobby zum Beruf gemacht: Sie hat eine alte böhmische Tradition wiederaufleben lassen und »komponiert« mit Farben und Glas Glasperlenbäume. Etwas Märchen- und Zauberhaftes geht von ihrer Werkstatt aus, und ganz besonders um die Weihnachtszeit fühlt man sich dort im Glanz der funkelnden Glasperlen in die Märchenwelt der Kindheit zurückversetzt.
Es gibt auch Frauen, die haben Freude am Formen und plastischen Gestalten. Eine Freundin von uns hat sich der Bildhauerei verschrieben und erfährt in dieser schöpferischen Tätigkeit nicht nur Befriedigung und eine persönliche Bestätigung, sondern auch Anerkennung und großen Erfolg in Fachkreisen und bei Käufern. Oder wie wäre es mit Töpfern? Kurse werden genügend angeboten.
Mit etwas völlig anderem beschäftigen sich Bewegungs- und Musikbegeisterte. Sie machen Tanzkurse oder schließen sich Tanzclubs an. Tanzen lockert nicht nur die Muskeln, sondern auch das Gemüt, gibt Geselligkeit. Oder erlernen Sie doch ganz einfach ein Musikinstrument.
Und wenn Sie vom Schulaufgabenbeaufsichtigen noch im Training sind, dann können Sie Nachhilfeunterricht geben. Für das eigene Gehirn wäre das eine gute Übung. Der Berliner Altersforscher Prof. Dr. P. Baltes erläuterte bei einer Veranstaltung in Lübeck: »Intelligenz und Gedächtnisleistung müssen im Alter nur durch vermehrtes Training aktiviert werden.« Auch das Schreiben (zum Beispiel Tagebuch) kann, wie ich es selbst bei der Niederschrift dieses Buches erfahren konnte, eine entspannende und heilsame Wirkung haben.
In diesem Zusammenhang könnten wir uns noch einmal überlegen, wie es mit Kursen und Seminaren bei der Volkshochschule steht, die in reicher Auswahl angeboten werden. Viel Freude und das Erlebnis gemeinsam gemeisterter

Anstrengungen vermitteln uns Bergwanderungen. Schließen Sie sich dem Alpenverein an und erfahren Sie die Natur aus erster Hand.
Ganz andere Sinne werden angesprochen, wenn Sie sich in Ihrer freien Zeit den Multiple-Sklerose-Kranken widmen. Haben Sie schon einmal versucht, sich vorzustellen, wie es sein muß, mit der Gewißheit zu leben: Ich werde mich jeden Tag weniger bewegen können bis zur völligen Bewegungslosigkeit. Ich muß das bei klarem Verstand über Jahre und Jahrzehnte ertragen, ohne mich dagegen wehren zu können. Ich werde immer auf fremde Hilfe angewiesen sein. In unserem Freundeskreis ist ein Ehepaar, das sich zur Aufgabe gemacht hat, Freizeit und finanzielle Unterstützung diesen leidgeprüften Menschen zu schenken.
Viel ist es, was unser Leben bereichern, eine vorhandene Leere ausfüllen kann. Selbst im vermeintlich toten Wüstensand regt sich mannigfaltiges Leben, wenn der Regen darauf fällt. Erwecken wir diese Anlagen in uns, indem wir etwas tun!
Machen wir Reisen und interessieren wir uns für ältere Menschen und deren Schicksal. Sehen wir uns an, wie sie ihre neugewonnene freie Zeit gestalten und nutzbringend einzurichten verstehen.
Orientieren wir uns dabei ausnahmslos an *positiven Menschen.* Jammerlappen und Berufspessimisten können keine Vorbilder für uns sein. Sie sind für ihre Umwelt ein denkbar schlechtes Beispiel. Sie sind Stimmungsverderber, trüben das allgemeine Lebensmilieu und sind sich und ihren Mitmenschen eine Last.
Wir umgeben uns mit Frohsinn, mit Menschen, die eine ansteckende gute Laune haben und die vorbehaltlos ihre Mitmenschen und sich lieben, mit Menschen, mit denen wir unsere Zeit verbringen möchten und die uns Freunde sind, die uns Hilfe und Kraft geben für menschlich schwere Aufgaben wie zum Beispiel die Krankenbetreuung.

Haben Sie eigentlich schon einmal daran gedacht, noch einen Beruf zu erlernen? Nein? Ist das für Sie undenkbar? Das ist es natürlich nicht, und es gibt genügend Frauen in unserem Alter, die sich einen langersehnten Wunsch erfüllen und noch einmal die Schulbank drücken. Es ist schließlich ein Erfolgserlebnis besonderer Art, im reifen Alter noch ein Examen zu bestehen oder eine Abschlußprüfung mit Auszeichnung zu absolvieren.
Sie könnten etwa einen Kurs belegen für den Beruf der Sekretärin oder Fremdsprachenkorrespondentin, um da wieder weiterzumachen, wo Sie in jungen Jahren aufhören mußten, weil Kinder und Familie Sie zu sehr beanspruchten.
Ohne großen Aufwand können Sie sich auch zur Schwesternhelferin ausbilden lassen, und angesichts der fatalen Personalsituation in der Krankenpflege haben Sie dabei sogar beste Aussichten. Gerade in der praktizierten Nächstenliebe ist die Vielfalt an Betätigungsmöglichkeiten für uns besonders groß. Oder wie wäre es, wenn Sie Ihr Haus in eine kleine Frühstückspension verwandeln würden?
Ich kenne zwei Damen – beide Ende sechzig – Sie sind verwitwet und haben ihrem Alleinsein ein Ende gemacht, indem sie Übernachtungsgäste aufnehmen und ihnen ein appetitliches Frühstück bereiten. So sind sie unter Menschen, erfahren Neuigkeiten, haben eine Beschäftigung und empfinden ihre Einsamkeit nicht mehr so belastend.
Einen ähnlichen Effekt können wir erzielen, wenn wir die leergewordene Wohnung durch einen Untermieter oder eine Untermieterin »bevölkern«. Denken wir aber daran, daß immer ein Zimmer bereit sein muß, wenn eines der Kinder nach Hause kommt. Die Kinder sollten stets heimkommen können.
Von einer anderen ausgesprochen sinnvollen Betätigungsmöglichkeit erfuhr ich kürzlich. Es ist die segensreiche Einrichtung der »grünen Damen«. Die Frau des ehemaligen

Außenministers Schröder hat diese Organisation ins Leben gerufen.
Die »grünen Damen« sind etwa zwischen vierzig und siebzig Jahre alt, motiviert zum Helfen, belastbar und verschwiegen. Außerdem sollten sie zuhören können.
Sie gehen in Krankenhäuser, wo sie Patienten füttern, ihnen vorlesen, Besorgungen machen, sich zum Beispiel um die Wäsche kümmern, für den Patienten Gänge auf Ämter und Behörden erledigen. Sie kümmern sich um alles, was die Pflege nicht leisten kann. Sie benötigen dann also keine Ausbildung. Nur eine wichtige Eigenschaft müssen sie haben: die Liebe zum Nächsten, Geduld und Einfühlungsvermögen.
Einen halben Tag in der Woche stellen sie sich zur Verfügung, meist ist es ein Vormittag. Manchmal machen sie auch Sitzwache während der Nacht.
Dieser Dienst am Nächsten, dem Hilfsbedürftigen, ist ausnahmslos ehrenamtlich. Allerdings stellen die Häuser das Essen und die grünen Kittel, die die Damen tragen und von denen sie auch ihren Namen bekommen haben.
Jede Krankenhausverwaltung kann Ihnen Auskunft geben, wie Sie eine grüne Dame werden können. Es werden auch Seminare angeboten, die Sie besuchen können, sollten Sie sich im Umgang mit kranken, alten, verzweifelten und manchmal auch schwierigen Menschen unsicher fühlen.
Wäre das nicht eine edle Aufgabe für uns reife, lebenserfahrene Frauen? Es ist sogar mehr als eine Aufgabe, es ist ein Dienst, und dieses Wort kommt von *dienen* – ein Denkanstoß.
Es heißt einfach, Augen auf und glücklich sein wollen! Dazu gehört auch, andere glücklich zu machen, den Wunsch stets in sich zu tragen, daß es in der eigenen Umgebung keinen Menschen geben darf, der unglücklich, traurig oder gar verzweifelt ist. Das ist schwer und kann sogar lästig werden, wenn wir in dem bestimmten Augenblick, in dem man uns

braucht, nicht darauf eingestimmt sind. Wenn Sie das Gefühl haben, hier muß ich helfen, hier muß ich mein Herz zeigen und meine Zeit opfern und es Ihnen so überhaupt nicht in Ihren Tagesplan passen will, dann zögern Sie nicht.
Wenden Sie sich Ihrem Nächsten zu. Opfern Sie nicht Ihre Zeit, schenken Sie sie ihm und schenken Sie sich. Lassen Sie ihn spüren, daß er Sie interessiert.
Verschließen Sie sich nicht, wenn sich Ihnen ein Mensch öffnen möchte. Nehmen Sie Teil an dem, was um sie herum geschieht, sehen Sie auch die Menschen, die Sie mögen und verehren. Und lassen Sie sich lieben, lassen Sie sich verehren, lassen Sie sich umschwärmen.
Eine menschliche Zuneigung in unserem Alter ist leise, behutsam. Und ein Verehrer? Wie gut tut er uns!
Machen Sie keine Kehrtwendung, wenn man Ihnen Gefühle entgegenbringen will. Ziehen Sie sich nicht auf eine Das-schickt-sich-für-mich-nicht-mehr-Haltung zurück, sondern gehen Sie mit offenen Sinnen und einem jungen Herzen diesem Gefühl entgegen. Genießen Sie das Heute und freuen Sie sich auf das Morgen. Träumen Sie! Lassen Sie sich fallen, ganz besonders dann, wenn Sie allein leben oder Ihr Partner meint, in Ihnen nur noch eine preiswerte Putzfrau, Waschfrau, Bedienerin, Büglerin, Sekretärin, Krankenpflegerin, Unterhalterin und Hausdame sehen zu müssen, eine Frau, die sein Gedächtnis ist und von der er glaubt, daß ihr das genüge.
Wie werden Sie aufblühen und lächeln, wenn der erste anonyme Blumenstrauß ins Haus gebracht wird, wenn sich geheimnisvolle Anrufe häufen und diese Anrufe Ihnen gelten, nicht dem sich immer noch unwiderstehlich wähnenden Hausherrn. Sie werden ein kleines Glück erfahren, das in Ihnen aber eine große Wirkung auszulösen vermag.
Ganz egal, wie weit Sie gehen wollen – das muß jede Frau selbst für sich entscheiden –, es ist eine beglückende Zeit, die Sie sich nicht vorenthalten dürfen.

Aber auch, wenn Sie sich nach vielen Jahren immer noch einer harmonischen und beglückenden Zweierbeziehung erfreuen dürfen, ist es ein ungemein auftriebgebendes Gefühl, wenn auch noch andere Männer Ihr Interesse und Ihre Verehrung zeigen.
Sie müssen es nur wollen, nur sehen, nur empfinden, das Glück sehen, wahrnehmen, begreifen, ergreifen und besitzen. Sie werden feststellen, daß Ihr Gang beschwingter wird und Ihr Gesichtsausdruck heiterer. Ihre Gedanken werden leichter sein, und der Alltag wird froher.
Es muß dabei durchaus keine Geheimnistuerei an den Tag gelegt werden. Der Ehemann darf ruhig erfahren, daß wir noch Chancen haben und noch lange mitmischen werden, daß wir es genießen, doch nicht unsichtbar zu sein, sondern das Interesse mancher Herren erwecken und bereit sind, es auch zu erwidern. So wird die Welt eine völlig andere, neue für uns sein, in der wir unseren Platz haben.

Im Zusammenleben mit einem Partner gibt es einige Dinge, die wir unbedingt beachten müssen, und die, so delikat und pikant sie auch sein mögen, für uns von größter Wichtigkeit sind, wenn wir eine beglückende Zweierbeziehung erleben wollen:
Vergiften wir nicht mit einer übertriebenen Erwartungshaltung die Gefühlsäußerungen unseres Geliebten, und seien sie auch noch so weit entfernt von dem, was wir uns gerade in dem Augenblick wünschen. Andererseits – und das wirkt sich ebenso zerstörerisch auf ein erfülltes Sexualleben aus – dürfen wir niemals unserem Gefährten und zu keiner Gelegenheit zu verstehen geben, daß wir seine Qualitäten in puncto Bett für mangelhaft und im wahrsten Sinne des Wortes unbefriedigend halten. Schießen wir nicht mit Pfeilen um uns, die das Selbstbewußtsein unseres Mannes herabsetzen und somit dessen Potenz erheblich stören. Mit derlei Gebaren schneidet man sich bekanntlich ins eigene

Fleisch. Es kann kein harmonisches Liebesspiel und somit kein Sexualleben in unserem Sinne geben, wenn diskriminierende Äußerungen und lächerlich machende Andeutungen die Wünsche und Gefühle eines der beiden Partner ersticken. Der körperlichen Liebe droht der Kollaps. Und das wiederum ist ein schlimmer Zustand, der unsere Lebenskraft lähmt, uns krank macht und sich sogar auf unsere Lebenserwartung auswirken kann.

»Sex ist der Schlüssel zu Vitalität und langem Leben«, sagt schon Dr. Ivan Popov, medizinischer Direktor des berühmten Revitalisierungszentrums in Nassau auf den Bahamas, als Arzt und Forscher gegen vorzeitiges Altern. In seinem Buch »Jung bleiben« schreibt er auch: »Ein Leben ohne Sex verkürzt die Lebensspanne. Ohne Zweifel existiert ein Zusammenhang zwischen Erfüllung der Sexualfunktion und rüstigem Alter.« Es lohnt sich also auch hier, sich um das beste zu bemühen, alles zu geben, was Vergnügen macht und dem Partner und der Gesundheit nicht schadet.

Denn Sex ist eben nicht nur zum Vergnügen da, sondern auch für die Gesundheit und das Wohlbefinden. Der ganze Körper ist ja an der sexuellen Betätigung beteiligt. Die Hormone, die da ausgeschüttet werden, erreichen jeden Körperteil, und, so Dr. Popov, wenn man die weiblichen und männlichen Hormone mit Chlorophyll grün färben könnte, würden wir alle aussehen wie Marsmenschen: an manchen Stellen dunkelgrün, an andere hellgrün, aber doch am ganzen Körper grün.

Sie haben weiter oben etwas über die »Grünen Damen« erfahren, und im Zusammenhang mit der körperlichen Liebe war auch von der Farbe Grün die Rede. Ein ermüdetes Auge können wir beim Betrachten der grünen Landschaft wohltuend beeinflussen. Die gesunde, wachsende Natur ist grün. Grün ist die Symbolfarbe der Hoffnung.

Bei dieser Betrachtung wird uns eines klar: die »Grünen Damen« heißen nicht so, weil sie grüne Kittel tragen, sondern

sie tragen grüne Kittel, weil sie Positives bringen, Hoffnung in die Krankenzimmer.
Dieses Kapitel soll aber nicht enden, ohne daß unseren Haustieren der Platz eingeräumt wird, der ihnen zusteht. Schon lange ist es kein Geheimnis mehr, daß Tiere im Haus als Gefährten und Freunde des Menschen geradezu Labsal für unsere Seelen sind. Es ist auch bekannt, daß das Streicheln etwa eines Hundes oder einer Katze sich günstig auf den Blutdruck auswirkt und uns beruhigen kann.
Wenn wir auch nicht alle selbst einen lieben Vierbeiner im Hause haben oder etwas Zwitscherndes und Singendes durch die Räume flattert, so kennt doch jeder von uns jemanden mit Haustier. Lassen wir diese glücklichen Menschen einmal über die Erlebnisse mit ihren Tieren berichten. Von der selbstlosen Zuneigung, die ein Tier uns schenkt. Es ist einfach nur da, um uns zu erfreuen.
Laut einer Umfrage, die in Berlin gemacht wurde, was es wohl auf sich habe, daß die Menschen so sehr an ihren Tieren hängen, kam als Ergebnis heraus, daß Tiere immer wie Kinder sind. Auf unsere Zuwendung und Hilfe angewiesen, bleiben sie immer wie Kinder und werden nie erwachsen. Sie wecken in uns den Beschützerinstinkt, und Brigitte Bardot hat den wahren Satz geprägt: »Ein Tier macht einem nie Kummer, es sei denn, es ist krank oder es stirbt.«
Und Adalbert Stifter sagte in einem Brief über seinen Hund: »Wenn es Gott für der Mühe wert achtet, ein Tier mit so kunstreichen und feinen Werkzeugen auszurüsten, wenn er ihm eine ganze Kette von Lebensfreuden und Glückseligkeiten mitgab, so dürfen wir es auch der Mühe wert achten, diesem Ding einige Aufmerksamkeit zu schenken ...«
Wäre ein Haustier nicht auch etwas für Sie?
Ich erlebe mit meinen fünf Katzen derart viel Lustiges und Bemerkenswertes, daß ich mich oft frage, was in den kleinen Tierköpfen vorgehen mag. Wenn ich traurig bin oder zumindest glaube, es sein zu müssen, dann nehme ich eines meiner

Tiere auf den Arm. Das sich sofort einstellende Schnurren ist so etwas Beruhigendes, daß ich das Gefühl bekomme, dem Tier nie genug danken zu können. Es weiß ja leider nur, daß ich gut zu ihm bin und es von mir sein Fressen bekommt.

Die Liebe zu den Tieren, die Liebe zu unserer Natur, das bewußte Erleben der Jahreszeiten, die alle ihre Besonderheiten und Schönheit haben, das Mitfühlen mit jeglicher Kreatur, die Achtung vor der Schöpfung, das Behütenwollen der Schöpfung, das Staunen vor dem nie endenden Kreislauf des Vergehens und des Neubeginns, die Ehrfurcht vor dem, was wir nicht erklären können, und der nie versiegende Wille zum Glücklichsein sind doch ureigene Instinkte, die besonders uns Frauen auszeichnen – im reifen Alter noch intensiver als je zuvor.

So haben wir täglich ein Leben vor uns, das unsere Sinne anregt und für uns einen Reichtum bereithält, den wir im Innersten unseres Herzens spüren und der so stark ist, daß wir von dem ständigen Wunsch beseelt sind, diesen Gefühlsreichtum weiterzugeben.

Jede von uns wird diese Erfahrung machen, wenn sie offen ist, gewillt ist aufzunehmen, sich bemüht, die Schönheit der reifen Jahre zu erkennen, und sich bereithält, neu zu fühlen und neu zu erleben.

Das Leben erfahren heißt, das Leben wollen, es annehmen, es lieben. So leben, alles in uns aufnehmen, als wollten wir unser Leben jemandem erzählen.

Als wir noch zur Schule gingen, gab es ein beliebtes Aufsatzthema nach den großen Ferien: »Wie verbrachte ich meine Ferien?« Und als Kind ist man noch fähig, einfache Dinge als großes Erlebnis zu erfahren. Man hat noch die Gabe, sich über Dinge zu freuen, die man als Erwachsener entweder überhaupt nicht mehr wahrnimmt oder wenn, dann nur als gegebene Selbstverständlichkeit betrachtet.

So darf es nicht bleiben – nicht bei uns!

Wir müssen wieder lernen zu erleben, zu ersinnen, zu erlauschen, zu ertasten, zu erahnen, zu erriechen, zu erträumen, zu erstaunen. Was gibt es nicht an Wunderbarem zu beobachten, wenn wir einen Spaziergang machen an einem Wiesenbach entlang. Wie vielgestaltig zeigt sich die lebende Natur. Da krabbelt ein Käfer. Hier bemüht sich eine Ameise mit schwerem Gepäck, aus der nahen Weide kommt Vogelgezwitscher. Mit einem Platsch springt ein Frosch ins Wasser, und ein unbeschreibliches Summen schwängert die warme Luft.
Oder machen Sie es sich zur Gewohnheit, einen Spaziergang zu machen, der Ihnen die Möglichkeit gibt, auf einer Bank auszuruhen, und schauen Sie dann nur einfach in die Gegend. Lassen Sie den Anblick auf sich wirken.
Machen Sie Ihr Herz und Gemüt frei für das Einfache, für das Zauberhafte. Lassen Sie nicht zu viel Platz darin für Ärger und Sorgen. Die sind ohnehin immer und ständig gegenwärtig. Um derlei Abwechslung brauchen wir uns also nicht zu bemühen. Unangenehme Gäste muß man nicht bitten.
Wenn Sie einmal die Erfahrung gemacht haben, wieviel Reichtum in unserem Alltag steckt, wieviel Wonne in einem Blick aus dem Fenster verborgen ist, dann werden Sie daraus viel Kraft schöpfen können für alle Unbill des Lebens, und man wird Sie beneiden ob Ihrer Fröhlichkeit, ob Ihres Optimismus, und man wird sich fragen, wie macht sie das nur?
Mit der Fröhlichkeit geht noch eine andere sehr angenehme menschliche Eigenschaft Hand in Hand, und das ist die Friedfertigkeit. Jede auch nur mögliche Gelegenheit zum Zanken und zum Streiten beim Schopfe zu ergreifen, steht uns reifen Frauen nämlich nicht gut zu Gesicht. Beharren wir nicht um jeden Preis auf einem vermeintlichen Recht – auch nicht auf einem wirklichen Recht. Wir haben das nicht nötig! Prinzipien reiten wir nicht. Wir sind klug genug, nach-

geben zu können. Irgendwann dreht sich das Fähnlein ohnedies zu unseren Gunsten. Wir müssen nur warten können. Eine harmonische Stimmung gefährden, nur damit wir recht behalten, ist ausgesprochen kleinkariert und töricht. Aber die eben beschriebene Medaille hat selbstverständlich auch eine Kehrseite – wie könnte es anders sein – und dieses Buch wäre nicht ehrlich, wenn ich nicht auch diese Kehrseiten beschriebe.

Friedfertigkeit ist immer und überall eine herausragende Tugend, und kein Mensch würde sich erdreisten, das Gegenteil zu behaupten. Allerdings gibt es Situationen, in denen man kämpfen muß und zwar dann, wenn großes Unrecht geschieht – einem selbst oder einem Mitmenschen. Hier dürfen wir uns nicht scheuen, uns aller Möglichkeiten zu bedienen, und seien es Polizei oder Staatsanwaltschaft. Wir müssen uns sagen, ich tue es für alle die, die nicht den Mut oder die Möglichkeiten haben, denen es aus irgendwelchen Gründen an der so raren Zivilcourage fehlt und die womöglich aus Angst um das eigene Wohlergehen nicht wagen, den Mund aufzumachen oder zum Schreibstift zu greifen.

Es ist ein erhebendes Gefühl, wenn man Gemeinheiten, Bosheiten oder sogar Gesetzwidrigkeiten unterbinden kann, nur weil man nicht will, daß Unrecht geschieht. Wir müssen Einfluß nehmen auf das Geschehen um uns herum. Das kann eine Karte sein, die wir an den Rundfunk oder das Fernsehen schicken mit einer schlichten Kritik oder, was leider viel zu selten vorkommt – mit einem kurzen, aber verständlichen Lob!

Wenn wir so an unserer Umwelt aktiv teilnehmen und versuchen, nicht alles zu schlucken, was man uns zu servieren versucht, Gutes zu unterstützen, Schlechtes anzuprangern, dann haben wir schon viel getan. Sagen Sie nicht, daß Ihre Meinung oder Ihre Karte nicht ins Gewicht fallen. Sicher, auf eine einzige Karte oder auf einen einzigen Anruf – ich zum Beispiel rufe sofort an, gehe mitten in eine Sendung,

wenn ich etwas zu sagen habe – kommt es womöglich nicht an. Aber überlegen wir doch einmal, wenn jeder so denken würde.
Wir hätten heute noch die Sklaverei.
Gerade wir Frauen verdanken doch viel – eigentlich alles – unseren Vorkämpferinnen in Sachen Gleichberechtigung im weitesten Sinne. Hätten sie immer und zu allem geschwiegen und still vor sich hingeduldet – nichts wäre passiert, nichts wäre bewegt worden. Kein verstaubtes Gesetz wäre abgeschafft worden, keine noch so dämliche Sitte, uns allen zum Wohle, verschwunden. Vor dem Glücklichsein steht der Wille, steht die Bereitschaft zum Außergewöhnlichen, steht der Mut zum Anderssein, steht die Unerschrokkenheit, unpopuläre Entscheidungen zu treffen, eine eigene Meinung zu haben, und sie auch kundzutun. Wenn wir glücklich sein wollen, müssen wir aus der Anonymität auftauchen, wir müssen Persönlichkeiten sein.
Wir dürfen keine Frauen sein, die vom Leid und Unglück anderer leben, die sich am Mißgeschick ihrer Mitmenschen hochziehen und sich auch noch darüber lustig machen. Solch ein Tun macht nicht glücklich. Es überdeckt höchstens den eigenen Morast. Ein bißchen Klatsch ist amüsant und erheiternd, solange er keinem schadet, aber im Grunde ist das Weitererzählen von sogenannten Geheimnissen nichts als Wichtigtuerei: Ich weiß etwas, das ihr nicht wißt, nicht wissen könnt, weil man Euch das oder dies nicht anvertraut hat. Distanzieren wir uns von derlei Schwatzhaftigkeit, seien wir verschwiegen und diskret.
Wie wohltuend ist es, Menschen zu kennen, bei denen alles gut aufgehoben ist, von denen man weiß, ohne Einschränkung, daß sie nicht reden müssen, um sich interessant zu machen, die vielerlei Möglichkeiten haben, sich zu unterhalten, ohne dies auf Kosten anderer zu tun. Sind wir solche Menschen? Wenn wir ernsthaft vorhaben, glücklich zu sein, dann müssen wir solche Menschen werden. Boshaftigkeit

und Geltungssucht sind keine Grundlage für ein zufriedenes Leben.
Glauben Sie nicht, daß das alles viel zu schwer für Sie ist und weil Sie meinen, doch nie auf einem grünen Zweig zu kommen, brauchen Sie sich erst gar nicht zu bemühen. Das wäre das Falscheste, was Sie tun könnten und entspräche überhaupt nicht unserem Ideal einer reifen Frau.
Wir wissen doch: Je weiter die Bestrebungen gehen, desto näher sind wir dem Glück. Und je weniger ich von anderen erwarte, je mehr ich selbst einbringe, je mehr ich selber bereit bin, dafür zu tun, desto höher wird der Grad des Glücklichseins sein. Und das ist das Geheimnis: Ein jeder macht sich seinen Himmel selbst und auch seine Hölle.
Der Wille zum Glück beinhaltet auch Tapferkeit und Disziplin, dazu eine gewisse Härte sich selbst gegenüber:
Tapferkeit nämlich dann, wenn es darum geht, Schicksalsschlägen zu trotzen, sie nicht überzubewerten und vor allem sich nicht einzureden, daß es keinen Menschen auf der Welt geben kann, dem es ebenso schlecht geht. Jeder hat Licht und Schatten in seinem Leben, und wenn ich Licht haben will, muß ich den Schatten in Kauf nehmen. Kein Tal ist so tief, daß es nicht einen Weg nach oben gäbe, und so lange ein Mensch atmet, kann er auch handeln.
Wie oft standen wir schon weinend und kopfschüttelnd vor einer Situation, sahen keinen Ausweg, haderten mit dem Schicksal.
Später dann, viel später stellte sich heraus, daß das vermeintliche Unglück eigentlich unser Glück war. Solch eine Erfahrung sollten wir uns beim nächsten Schicksalsschlag vor Augen halten und uns damit die Hoffnung auf eine gute Lösung geben.
Disziplin kann nur da sein, wo auch ein Wille ist, wo ich ein Ziel vor Augen habe. Selbstdisziplin ist eine nicht wegzudenkende Eigenschaft – für uns ganz besonders, und deshalb müssen wir sie täglich üben, um sie wirklich zu beherrschen.

Einen disziplinierten Menschen sieht man selten unglücklich, und man hört ihn fast nie jammern.
Wohl aber kann man ihn traurig, erschüttert oder empört sehen, denn gefühllos ist er nicht.
Er geht nie zu weit, es sei denn, er macht es ganz bewußt – dann ist es wieder diszipliniert. Er ist mit sich in Harmonie und tolerant mit seinen Mitmenschen.
Ein disziplinierter Mensch ist nicht unpünktlich. Ich möchte mich jetzt nicht über Unpünktlichkeit auslassen, aber sie ist eine Untugend, die für uns nicht in Frage kommt. Wir sind pünktlich, weil wir höflich sind, und weil man mit uns rechnen kann. Unpünktlichkeit gibt es nur dann, wenn höhere Gewalt im Spiele ist, und dagegen ist auch der disziplinierteste Mensch machtlos.
Nicht machtlos sind wir dagegen, wenn wir unser Tun beeinflussen, unseren Wegen eine ganz bestimmte Richtung geben wollen.
Hier sind Weichheit und Sich-in-Watte-Packen völlig unangebracht, denn sie führen zu keinem Ergebnis und niemals zum Glücklichsein. Im Gegenteil, es macht unzufrieden und launisch. Denken Sie daran, daß auch die Liebe zu unseren Kindern eine gewisse Härte beinhalten muß, da ohne diese eine sinnvolle Erziehung nicht möglich gewesen wäre. So muß auch die Eigenliebe mit Härte einhergehen, sonst sind wir willenlos allem ausgesetzt, was unserer Persönlichkeit schadet.
Das ganze Suchtproblem ist doch bei Licht gesehen ein fataler Mangel an Disziplin und Härte gegen sich selbst – zumindest solange es sich noch nicht um eine fortgeschrittene Krankheit handelt.
Denken wir an den Spruch Goethes zu Beginn dieses Kapitels und seien wir unser eigener Herr. Liefern wir uns nicht einer Macht aus, die uns aushöhlt, die unser Tun und Denken beherrscht, die uns zu willenlosen und verweichlichten Kreaturen macht. Es wäre in unserem Alter durch nichts zu

entschuldigen, denn wenn jemand weiß, wie man sich und sein Handeln beherrscht, dann sind das wir reifen Frauen. Wir wissen genau, wo bei uns die Schwachpunkte liegen, und mit Klugheit und Eifer können wir etwas dagegen unternehmen.

Da ist eine sinnvolle Beschäftigung die beste Vorbeugung. Wenn wir einen wachen Blick für leibliche und seelische Probleme haben, soziales Denken und Fühlen verspüren, dann sollten wir diese wohltuende Eigenschaft etwa der Kirchengemeinde oder einer entsprechenden Organisation zur Verfügung stellen. Vielleicht haben wir die Möglichkeit, aus der Erfahrung unseres eigenen Lebens Ratschläge zu geben. Hilfen anzubieten, wie es meine Schwiegermutter tat. Sie erinnern sich: Diese wurde kurz vor ihrem fünfzigsten Geburtstag Witwe und ließ sich später für die Telefonseelsorge schulen und ausbilden. Sie machte entsprechende Kurse und besuchte Seminare. Das macht sie übrigens heute noch, denn sie ist noch immer – mit über siebzig Jahren – in der Telefonseelsorge tätig.

Sie spricht ja wenig darüber, mit welchen akuten und auch schleichenden Problemen sie oftmals konfrontiert wird, aber wir Kinder spüren alle, daß diese Tätigkeit sie ausfüllt und ihr große innere Befriedigung und auch Bestätigung bringt. Darüber hinaus hat sie natürlich dank ihrer Erfahrungen mit den vielschichtigsten Problemen eine ausgesprochene gesunde und normale Einstellung auch ihren Kindern und Schwiegerkindern gegenüber. Sie ist stets der Katalysator bei allen familiären Meinungsverschiedenheiten, und ihr Verständnis für jede Meinung, ihr feines Gespür auch für die kleinsten Differenzen zwischen ihren Schützlingen haben sie für uns zu einer Persönlichkeit gemacht, die uns nicht nur die normale Kindesliebe, sondern auch größte Hochachtung und Verehrung abverlangt.

Wäre das anonyme Helfen per Draht, Stimme und Geduld zum Zuhören nicht auch etwas für Sie? Stellen Sie sich doch

einmal vor, wie vielen Menschen Sie dadurch aus scheinbar unauswegbaren Nöten und Ängsten helfen könnten!
Zu diesem Thema gehört auch der Sinn für die Religion. Wenn Sie ein religiöser Mensch sind – vielleicht wissen Sie es gar nicht mehr und haben im Laufe der Jahre diese Komponente der menschlichen Seele völlig verkümmern lassen –, dann fangen Sie jetzt an, sich wieder darauf zu besinnen. Ich möchte nicht versäumen zu betonen, daß ein Gebet den inneren Frieden bringen kann. Wieviel Sicherheit und Überlegenheit geht von einer religiösen Geisteshaltung aus! Wir sollten das nicht unterschätzen.
Haben wir keine falsche Scham, ein Gotteshaus zu besuchen, wenn uns der Sinn danach steht – auch wenn das heutzutage nicht mehr in und nicht mehr zeitgemäß zu sein scheint.
Wenn ich im lauten Gewühle einer Großstadt bin und beim Einkaufsbummel an einer Kirche vorbeikomme, unterbreche ich gern das »wilde Geldausgeben« und begebe mich in die Stille. Sie wähnen sich momentan in einer anderen Welt, in der nichts von Hektik und Eile zu spüren ist. Eine wohltuende Ruhe umfängt Sie, und wie von selbst befinden Sie sich mitten in einer Meditation. Man fühlt sich, als wäre man ein anderer Mensch, wenn man wieder hinaustritt in die lärmende, hastige Welt.
Wenn Ihnen beim Wort Meditation ein besonderer Gedanke durch den Kopf geht, dann sollten Sie sich mit dieser wunderbaren Einrichtung der Selbstfindung näher beschäftigen. Sie werden eine große Hilfe für Ihr Leben und das Gestalten Ihres Alltags erfahren.
Ich bin nicht unbedingt der Typ für das klassische Meditieren. Für mich ist, wie das obige Beispiel in der Kirche zeigt, schon das Meditation, und durchaus auch jeder Gang durch meinen Garten, an einem plätschernden und glucksenden Bach sitzen, auf einer Sanddüne träumen, das Beobachten einer Spinne, wenn sie ihr Zaubernetz spinnt, das Hören ei-

ner mich ansprechenden Musik. Das Erahnen eines Silberstreifens am Horizont und so fort. Man hat so unendlich viele Möglichkeiten, die »Seele baumeln« zu lassen und das Nervenkostüm zu entspannen und dadurch zu kräftigen. Die Japaner sagen: Willst du ein Leben lang glücklich sein, dann schaff dir einen Garten an.
Bis jetzt hat es für uns nur Situationen gegeben, die wir mit persönlichem Einsatz und beharrlichem Willen zum Glück selbst und ohne große Schwierigkeiten in den Griff bekommen können. Wir haben Möglichkeiten gesehen, die uns helfen, aus einem langweiligen, gefährlich eintönigen Leben herauszukommen, wenn wir nur wollen, und die verschiedenen Angebote annehmen und für uns nutzen.
Es gibt aber leider – häufiger, als man glauben möchte – Menschen, Frauen in unserem Alter, die durch irgendwelche Umstände, die oftmals überhaupt nicht rekonstruiert werden können, in einen Teufelskreis geraten sind, aus dem sie sich aus eigener Kraft nicht mehr befreien können. Auch die bestgemeinten Ratschläge einer Freundin, der oft als wohltuend gepriesene Tapetenwechsel, die Zerstreuung der festgefahrenen Gedanken bringen keinerlei Abhilfe. Man befindet sich in einer fensterlosen Zelle, vor einer scheinbar unüberwindbaren Mauer, hinter der zusätzlich eine furchterregende Ungewißheit lauert.
Haben wir dergestalt große Probleme, unser Ich wieder zurechtzurücken, das Leben wieder zu finden und es lieben zu können, dann gibt es nur eines, und das ist der Besuch bei einem Therapeuten. Machen Sie sich augenblicklich frei von irgendwelchen Vorurteilen. Wenn die Seele krank ist, dann ist das genauso eine Krankheit, für die Sie nichts können wie Blinddarmentzündung. Die Amerikaner haben uns konservativen Mitteleuropäern da einiges voraus. Für sie ist es etwas völlig Selbstverständliches, daß man einen Seelenarzt aufsucht, wenn man nicht mehr klarkommt und die Selbstheilungskräfte nicht mehr ausreichen.

Auch hier muß Ihr Wille zum Glück und Ihr Selbsterhaltungstrieb die nötigen Schritte zeitigen. Es ist nun mal leider ein Zeichen unserer Zeit, daß die Ängste zunehmen und der Motor für ein gleichklingendes, aufeinander abgestimmtes Handeln, für ein positives Denken immer häufiger zusammenbricht. Es ist aber auch ein Zeichen unserer Zeit, daß ein Umdenken im Gange ist, daß die Behandlung bei einem Psychotherapeuten keine Schande mehr ist und das Bekennen zu einer solchen Krankheit kein Ausgestoßenwerden aus der Gesellschaft mehr zur Folge hat.
Jeder weiß, daß eine kranke Seele nicht ansteckend ist, daß aber jeder von uns von seelischen Erkrankungen befallen werden kann.
Besonders gefährdet sind wir Frauen, die wir durch diese Zerreißprobe der Hormonabstellung müssen. Das chaotische Durcheinander in unserem Körper kann auch unsere Seele belasten und sie derart negativ beeinflussen, daß wir uns tatsächlich auch in unserer Alltagswelt nicht mehr zurechtfinden können. Da gibt es zum Beispiel Panikzustände in Kaufhäusern, die dann fluchtartig verlassen werden, plötzliche Heulkrämpfe ohne jeden Anlaß, panische Ängste vor völlig normalen Dingen und ähnlich besorgniserregende Symptome. Auch krankhafte Eifersucht gehört dazu. Dann versäumen Sie keine Zeit, nichts ist in diesem Augenblick wichtiger als Ihre Gesundheit, nichts ist wichtiger als die Wiederherstellung Ihres seelischen Wohlbefindens. Nichts ist wichtiger als das Wiedererlangen der Lebensfreude, als die Rückkehr zu einem bejahenden Ich.
Nun findet man einen guten Psychologen nicht an jeder Straßenecke und auch nicht aus Zeitungsannoncen.
Fragen Sie Ihren Hausarzt.
Wenn Ihnen das zu schwer fällt, und Sie vielleicht noch nicht das richtige Verhältnis zu ihm gefunden haben, dann ist die Telefonseelsorge die richtige Ansprechstation.
Hier bekommen Sie nicht nur die besten Adressen für Ihren

Bezirk, sondern man nennt Ihnen auch die Leute, die sich auf Ihr ganz persönliches Problem spezialisiert haben und besonders dafür ausgebildet wurden.
Die Telefonseelsorge erreichen Sie rund um die Uhr, bei Tag und bei Nacht. Sie ist anonym und diskret. Sie müssen nicht einmal Ihren Namen nennen, wenn Sie nicht wollen. Die Mitarbeiter der Telefonseelsorge haben alle einen Decknamen, den Sie erfragen können, falls Sie dieselbe Dame oder denselben Herrn wieder einmal sprechen möchten. Sie können sich auch anrufen lassen, wenn Sie den Eindruck haben, daß das besser für Sie ist, und Sie dürfen anrufen, sooft Sie wollen und wann Sie wollen.
Im Augenblick ist man bestrebt, eine einheitliche Nummer für das gesamte Bundesgebiet einzurichten, und die meisten Großstädte haben schon dieselbe Rufnummer: 111 01. Mir ist aber bekannt, daß etwa Bremen, Berlin und Bochum noch nicht an diese Nummer angeschlossen sind. Auch in den neuen Bundesländern gibt es diese Anlaufstation. Haben Sie keine Furcht. Nehmen Sie Ihr Herz in beide Hände und gehen Sie den für Sie wichtigen Weg. Bedienen Sie sich einer Hilfe, die so normal und selbstverständlich ist wie die Massage eines verspannten Muskels oder die Diät für einen verdorbenen Magen. Wir Frauen der Jahrgänge 1930 bis 1940 haben doch gelernt, mit den scheußlichsten Situationen zurechtzukommen. Warum sollen wir es nicht schaffen, die Ärmel hochzukrempeln und den ersten Schritt zu wagen zu einem verständigen, erfahrenen und – was meiner Meinung nach wichtig ist – den Menschen liebenden Arzt und Therapeuten, der seinen Beruf in erster Linie als Berufung versteht.
Wenn wir selbst nicht mehr in der Lage sein sollten, etwas zu unternehmen, weil wir zu sehr am Boden liegen, dann lassen wir uns von einem nahestehenden Menschen helfen, der unsere Not und Verzweiflung kennt. Ihm vertrauen wir uns an und befolgen seinen Rat, wenn er uns zu einem Arzt brin-

gen will. Aber wir müssen mitgehen! Der liebe Gott wird all unser Tun segnen – wir können aber von ihm nicht verlangen, daß er auch noch alles für uns macht.
So steht außer Frage, daß wir sehr wohl selbst unseres Glükkes Schmied sind und daß wir nur die Hand danach ausstrecken müssen. Wir müssen.
Es wird Sie interessieren, daß die Telefonseelsorge einer durchschnittlichen Großstadt wie etwa Regensburg, Stuttgart oder Frankfurt von monatlich rund tausend Anrufern konsultiert wird. In der Schweiz heißt diese Organisation »Telehilfe«, in Österreich Telefonseelsorge wie bei uns.
Wir müssen dann aber auch zupacken. Mitte dreißig beginnen die schönsten und interessantesten Jahre einer Frau. Wann sie enden, liegt einzig und allein in Ihrer Hand.
Während wir uns immer und ausschließlich bejahen müssen, müssen wir uns in gleichem Maße auch ständig in Frage stellen. Das ist so zu verstehen, daß ich mich zwar annehme mit all meinen Fehlern, mir aber auch meiner Unzulänglichkeit sehr wohl bewußt bin und mich auch dazu bekenne. Meine Fehler sind mir nicht gleichgültig, und wenn es schon an das Verbessern der Welt geht, versuche ich, damit bei mir selbst zu beginnen. Wenn wir mit unseren Mitmenschen oder mit einem ganz bestimmten Zeitgenossen überhaupt nicht klarkommen, wenn ständig Streit und Mißstimmung die Gemüter belasten, dann ist es an der Zeit, auch mal die eigene Position zu überprüfen.
Unsere Person und *unser* Ich ist das erste Ziel unserer Bemühungen. Wenn wir uns nicht verändern, nicht bereit sind, den ersten Schritt nach vorn zu wagen, brauchen wir nicht einen einzigen Gedanken daran zu verschwenden, wie wohl die anderen zu ändern seien.
Wenn wir einen tiefen Groll verspüren gegen jemanden, der uns nahesteht, und wenn wir ihn am liebsten auf dem Mond sähen, wenn uns die Knie zittern vor Enttäuschung und Wut, dann finden wir vielleicht die Kraft, uns vorzustellen,

wie wir uns fühlen würden und wie groß der Jammer wäre, wenn wir eben diesen Menschen urplötzlich verlieren würden.
Wie oft brüllt man im Zorn: »Du kannst verschwinden! Du brauchst dich nie mehr hier blicken zu lassen! Je eher du abhaust, um so besser!« Was wäre, wenn der so Angesprochene die Gelegenheit ergriffe, und wirklich für immer die Tür von außen zumachte?
Derlei Worte müssen wohlüberlegt sein. Denn wir machen uns lächerlich, wenn auch nur ein Funken davon unglaubwürdig erscheint. Wenn wir also in einem Wutanfall brüllen: »Ich lasse mich scheiden. Ich habe genug von dir«, müssen wir froh sein, wenn wir nicht zur Antwort bekommen, daß das ja alles nur leere Versprechungen seien.
Uns dürfen solche Ausrutscher nicht passieren. Derlei schwerwiegende Dinge dürfen nur dann ausgesprochen werden, wenn es einem bitterernst damit ist und dann nicht in Form unkontrollierter Zornesausbrüche, sondern ruhig und sachlich. Dann kann man uns auch ernst nehmen. Aus der Haut fahren ist sowieso keine gute Sache in unserem Alter. Der Jugend verzeiht man das, uns nicht.
Auch unsere Kinder gehören zur Jugend – vielleicht schon zu den jungen Erwachsenen, und sie können uns größte Sorgen bereiten. Grämen wir uns nicht. Zerfleischen wir uns nicht durch Selbstvorwürfe, wenn eines unserer Kinder meint, in seinem Überschwang an Idealismus oder seines allzu schwarzweißen Weltblicks wegen aus dem Ruder laufen oder sich gar völlig von uns abwenden zu müssen. Dieses Ablehnen der ganzen Familie oder eines Elternteils kommt meistens dann zustande, wenn das Kind eine starke Bindung eingeht, die es in weltanschauliche Richtungen treibt, die den Familientraditionen zuwiderlaufen, sei es jetzt die Zuwendung zu einem von dieser nicht akzeptierten Partner oder durch Anschluß an eine extrem politische oder religiöse Organisation, etwa einer Sekte. Wir werden immer die glei-

chen Symptome vorfinden. Wir werden Mühe haben, unser eigenes Kind wiederzuerkennen. Es ist ein Zustand, der uns wehtut, der uns aber nicht zu Boden drücken darf. Wenn wir wissen, daß es diesem Kind bei dem, was es tut, gutgeht und es seinen Weg machen wird, müssen wir uns dreinschicken und dürfen deshalb unsere Lebensfreude nicht verlieren. Die Mutter muß einzig und alleine danach trachten, das Wohl des Kindes im Auge zu haben – und wenn es sich wohl fühlt, müssen wir es lassen. Irgendeine Tür zu unserem Herzen steht unseren Kindern immer offen, und sie wird wieder geöffnet werden, wenn wir es nur erwarten können. Was ist aber, wenn wir mitansehen müssen, daß dieser junge Mensch, dem unsere ganze Liebe und Fürsorge galt und immer gelten wird, mit offenen Augen und klarem Verstand in sein Unglück rennt, unserer Erfahrung nach in sein sicheres Unglück rennt? Zu allen Zeiten gab es dieses Problem, das Problem, ein Kind als Mensch nicht mehr erreichen zu können, das Problem um die gefühlsmäßige und seelische Trennung, die von dem »Kind« bewußt und gewollt herbeigeführt wird.
Wenn wir diese oder ähnlich geartete Sorgen haben – Suchtprobleme, Tabletten- oder Alkoholmißbrauch – und wir uns außer Stande sehen, unseren erwachsenen Kindern zu helfen, selbst zu helfen aus eigener Kraft, und uns womöglich dadurch noch große finanzielle Not in die Enge treibt, gibt es Möglichkeiten, mit Menschen, Eltern in Kontakt zu treten, die das gleiche Leid zu tragen haben. Über die Telefonseelsorge bekommen Sie die entsprechenden Kontaktadressen.

Der Wille zum Glück kann in zehn Spielregeln zusammengefaßt werden, die wir uns stets vor Augen halten sollten.

1. Denken wir immer und über alles positiv. Das gibt Hoffnung, Mut und Kraft. Und machen wir den Humor zu einer Geisteshaltung.

2. Machen wir unseren Geist frei und schulen wir ihn durch Tätigkeiten, die uns Spaß machen.

3. Vernachlässigen wir unseren Körper nicht. Durch Disziplin, Ernährung und Sport halten wir ihn fit.

4. Unangenehme Dinge schieben wir nicht auf die lange Bank. Was erledigt ist, belastet uns nicht mehr.

5. Wir halten uns zurück mit Schuldzuweisungen. Es ist nie verkehrt, Fehler erst einmal bei sich selbst zu suchen.

6. Wir sind uns stets bewußt, daß wir Vorbilder sein sollten für unsere Töchter und Söhne.

7. Unser Selbstvertrauen läßt uns nie im Stich, auch wenn es nicht so geht, wie wir wollen.

8. Wir hören die Argumente anderer an und sind durchaus bereit zu erwägen, ob sie womöglich nicht doch besser sind als das eigene Urteil.

9. Wir werden nicht müde, einen gangbaren Weg zu finden, wo immer uns das Schicksal auch jetzt noch hinstellen mag.

10. Vor alles Reden, Denken und Tun stellen wir ausnahmslos die Liebe und die Freude am Leben. Streben wir danach, glücklich zu sein.

Ellens Geschichte

Ellens Geschichte heißt dieses Kapitel. Es trägt uns weg, weit weg von unserem Ich, denn wir sind mittendrin im Leben einer Frau, das ebensogut das unsere sein könnte und das uns deshalb so stark mit ihr verbindet. Ihr ist noch im sehr reifen Alter die Liebe begegnet, und sie hat sich vor allem dazu bekannt. Denn sie ist eine Frau, die sich des Lebens bedient und die leben will.

Ellen ist sechsundfünfzig und Nachbarin meiner Mutter. Als sie hörte, daß ich an einem Buch schreibe, das die reife Frau zum Thema hat, suchte sie mich auf, und begann ihre Geschichte zu erzählen. Und während sie von einer großen Liebe sprach, hörte ich ihr nicht nur gespannt zu, ich stellte auch fest, daß sie eine attraktive Frau ist, von modischer Eleganz, schlanker Gestalt und daß seidiges blondes Haar ihr feingeschnittenes Gesicht umrahmt. Im Augenblick beherrscht ihr sprechender Mund die Gesichtszüge, und ein braunes Augenpaar schaut mich an.

Mit bewegten Worten erzählt sie mir, daß sie eines Morgens in einem Zimmer erwachte, das ihr fremd war. Langsam öffnete sie ihre Augen. Sie nahm Konturen eines Bildes an der gegenüberliegenden Wand wahr, das sie nicht kannte. Ihr Blick wanderte weiter und blieb an einer Sitzgruppe hängen. Die beiden Sesselchen waren mit dem gleichen Stoff bezogen, der schwer und gemütlich als Vorhang an den hohen Fenstern hing. Ein kleiner Tisch, auf dem eine rote Rose lag und zwei leere Champagnergläser standen. Auch diesen Teil des Raumes konnte sie nicht einordnen. Sie schloß die Augen wieder und überlegte. Da spürte sie im elegant bezogenen Bett eine suchende, zärtliche Hand auf ihren Wangen. Das brachte ihr die süße Wirklichkeit zurück. »Rüdiger«, flüsterte sie leise, so leise, als hätte sie es nur zu sich gesprochen, und ihre Gedanken gingen einige Tage zurück – dorthin wo alles begann:

Sie stand auf einem zugigen Bahnsteig, hatte ihren Koffer neben sich gestellt, den Kragen hochgeklappt und die Hände tief in den Manteltaschen vergraben. Sie fröstelte an diesem nassen, nebligen Novembermorgen, doch ihre einzige Sorge galt seit Monaten nur ihrer Schwiegertochter, die in der nächsten Zeit ihr erstes Kind erwartete. So auch jetzt: Hoffentlich wird alles gutgehen! Sie ist so zart und hat keine leichte Schwangerschaft. Aber wenn sie, Ellen, erst bei ihr sein wird und ihr mit Rat und Tat zur Seite stehen kann, werden die beiden beruhigter sein können. Warum mußte ihr Sohn auch gerade jetzt im Ausland sein? Doch auch Ellen weiß, daß der Beruf, der Arbeitsplatz, Vorrang hat, und sie tröstet sich mit dem Gedanken, daß ihr Sohn alles umsichtig vorbereitet hat, und dazu gehört auch ihre Anwesenheit während der letzten Schwangerschaftswochen und noch einige Zeit nach der Entbindung. Ellen wollte sich um die junge Frau kümmern.

»Achtung! Auf Gleis drei fährt ein der Intercity Nr. 694 »Kieler Förde« von München nach Hamburg über Ulm-Stuttgart-Mannheim-Frankfurt-Göttingen-Hannover. Abfahrt: 12 Uhr 4, Ankunft 20 Uhr 1. Bitte von der Bahnsteigkante zurücktreten.«

Die Lautsprecheransage reißt Ellen aus ihren Gedanken. Sie nimmt den Koffer auf und eilt zu einer der sich öffnenden Türen des einfahrenden Zuges. Ein suchender Blick nach dem Nichtrauchersymbol, und sie wuchtet den Koffer die für sie viel zu hohen Tritte hoch, dann steigt auch sie ein, gedrängt von den ungeduldigen Reisenden hinter ihr.

Prüfenden Blickes geht sie durch die Gänge – sie hat sich vorsichtshalber einen Platz reservieren lassen, und jetzt vergleicht sie die angeschriebenen Nummern an den Abteilen mit der auf ihrer Platzkarte. Hier ist ein Abteil für die Reisebegleitung. Hier das Abteil für Mutter und Kind. Es wird gerade ein Baby gestillt. Ellen bekommt beim Anblick dieses rührenden Bildes zärtliche Gedanken an ihre Schwiegertochter. Und wieder die Sorge: Es wird doch alles gutgehen.

Im nächsten Abteil ist ihre Platzreservierung. Zwei Damen und ein Herr sitzen bereits darin, in ihre Lektüre vertieft. Hier setzt sie sich gern dazu. Sie möchte für die nächsten acht Stunden ihre Ruhe haben. Die lesenden Mitreisenden versprechen eine angenehme Fahrt.

»Guten Tag, kann ich mich zu Ihnen setzen?« Höflich fragt sie, obwohl sie ja für die Reservierung bezahlt hat.

»Ja bitte«, antwortet jemand. Ellen glaubt, es war die Stimme der Dame am Fenster. Darüber hinaus nimmt niemand von ihr Notiz.

Eine wohlige Wärme umgibt sie jetzt. Sie hängt den Mantel an den Haken an »ihrem« Platz und macht den ersten Versuch, den Koffer in das Gepäcknetz zu stemmen. Zwei helfende Arme greifen ein, und Ellen ist froh, daß es noch Kavaliere gibt.

»Oh, haben Sie vielen Dank. Das war sehr liebenswüdig von Ihnen.« Sie blickt in ein sympathisches Männergesicht, das ihr freundlich entgegenlächelt. Doch schon hat sich das Gesicht wieder hinter der FAZ verborgen.

Ellen setzt sich mit einem entspannenden Seufzer nieder und ist erst einmal froh, es bis hierher geschafft zu haben. Sie schaut kurz aus dem Fenster und beobachtet, wie die Spitze des höchsten Kirchturms der Welt immer kleiner wird und im Dunst verschwindet. Obwohl Ellens Neigung vorwiegend zu der barocken Baukunst tendiert, ist sie doch immer wieder neu beeindruckt von der eleganten Grazie gotischer Kirchtürme. Als routinierte Autofahrerin genießt sie es, mit der Bahn zu fahren. Es ist dies für sie immer ein Abenteuer gewesen, das sie nur in Ausnahmefällen wagte so

wie jetzt, wo die Novembernebel eine Autofahrt erschweren und die ersten Fröste drohen. Dazu kommt noch die lange Strecke, die sich Ellen in Erwartung des Enkelkindes nun doch nicht zumuten wollte.
Gemütlich geht es durch die Lande. Ellen beobachtet ihre Mitreisenden. Die beiden Damen scheinen zusammen zu gehören. Ab und zu unterhalten sie sich in kurzen Sätzen über den nächsten Halt, und es fällt hin und wieder das Wort Konzertagentur. Sie sind gemessen an ihrem Alter – etwa Anfang, Mitte sechzig – sehr apart und eigenwillig gekleidet. Aber das paßt zu ihnen. Vielleicht sind sie Schwestern? Nein. Eher Freundinnen, die eine gemeinsame Reise unternehmen.
»Ist der Saal in der Liederhalle ausverkauft? Hast du etwas gehört?« fragt die mit dem schwarzen, glatten Bubikopf.
»Ich glaube schon«, entgegnet die andere. Ihre silbergrauen, gewellten Haare sind im Stil der zwanziger Jahre geschnitten und frisiert.
Die Damen machen Ellen immer neugieriger. Sie ist begierig darauf, mehr über sie zu erfahren. Aber jetzt schweigen sie auch schon wieder, und Ellen kann nur mutmaßen. Im Gepäcknetz entdeckt sie einen Geigenkasten und sie schließt daraus, daß es sich bei den beiden Damen um Künstlerinnen, um Musikerinnen handeln muß.
Die Ansage gibt die nächste Station bekannt, und die beiden extravaganten Frauen machen sich aufbruchbereit.
Ellen ist enttäuscht. Jetzt hat sie keine Möglichkeit mehr, das nicht alltägliche Gespann näher kennenzulernen.
Sanft bremst der Intercity ab und gleitet in den großen Bahnhof, der schon von weitem durch seinen über die ganze Stadt sichtbaren Stern zu erkennen ist.
Der schwarze Bubikopf und der Graugewellte verabschieden sich mit einem höflichen Nicken. Weg sind sie und mit ihnen der Geigenkasten.
Jetzt erst stellt Ellen fest, daß in ihrem Abteil ja noch ein

Fahrgast verblieben ist. Sie hatte ihn völlig unbeachtet gelassen. Verstohlen blickt Ellen zur FAZ. Richtig. Der Koffer. Der Herr hinter der Zeitung hatte ihr den Koffer ins Netz gehoben.
Und sie hängt wieder ihren liebgewordenen Gedanken nach. Ob es ein Junge wird oder ein Mädchen? Sie haben es ihr ja nicht verraten. Vielleicht wissen sie es schon. Denn mitunter zeigt das Ultraschallbild mehr als Kopf, Rumpf und Gliedmaßen, weiß Ellen. Aber es sollte ruhig das Geheimnis der jungen Eltern bleiben. Sie hatte dafür volles Verständnis. Wenn es ein Mädchen ist, ob es dann nach ihr, der Oma, benannt wird? Ellen kommt sich bei derlei Gedanken doch etwas sentimental vor, und sie ermahnt sich zu mehr Nüchternheit.
Versonnen schaut sie wieder aus dem Fenster. Die vorbeihuschende Landschaft zaubert in schnell folgendem Wechsel herrliche Bilder: Ein verträumtes Dörfchen taucht auf und verschwindet wieder. Eine Gruppe alter, knorriger Eichen schiebt sich ins Bild und wird von einer Herde grasender Rinder verdrängt. Jetzt schlängelt sich ein Bach durch die Wiese, bis ihn eine Holzbalkenbrücke zu verschlingen scheint.
Ellen genießt die friedlichen Bilder und bemerkt überhaupt nicht, daß schon seit längerer Zeit zwei Männeraugen wohlgefällig auf ihr ruhen. Erst als sie sich wieder dem Inneren des Abteils zuwendet, fängt sie diesen offenen, interessierten Blick auf. Es ist nur für Bruchteile von Sekunden, aber doch lange genug, um Ellen leicht aus der Fassung zu bringen. Sie befürchtet sogar, daß sich ihre Wangen leicht rosa verfärbten. Sie verspürt eine sonderbare Mischung von leichter Verlegenheit und weiblichem Stolz. Unwillkürlich greift sie ins Haar, um sich vom perfekten Sitz ihrer Frisur zu überzeugen. Sie lächelt, doch nicht aus einem bestimmten Grund – mehr deshalb, weil sie nicht weiß, was sie sonst tun soll.

Eigentlich könnte sie, ohne nervös zu werden, den Blick ihres Gegenübers auf sich ruhen lassen, denn sie ist Frau genug zu wissen, daß sie gut aussieht. Und ihr Lächeln wird offen und lange erwidert und dabei von einer Bemerkung begleitet, die Ellen hellhörig macht: »Ist es nicht schön, daß wir jetzt allein sind?«
So kommen sie ins Gespräch. Ellen erfährt, daß der Fahrgast dasselbe Reiseziel hat wie sie, aber nicht den gleichen Reisegrund. Er nämlich ist unterwegs zu einem Seminar, das drei Tage dauern wird.
Obwohl sich Ellen durch die Aufmerksamkeit des Herrn sehr geschmeichelt fühlt, verheimlicht sie ihm nicht, was sie dazu veranlaßte, diese Reise zu unternehmen. Sie erzählt auf ihre muntere Art von ihrer Schwiegertochter, dem zu erwartenden Enkelkind, dem Sohn und ihrem verstorbenen Mann. Unverwandt wird sie dabei angeschaut, und der Klang ihrer Stimme und ihr Mienenspiel scheinen den Zuhörer zu faszinieren.
Auch er, obwohl er den Eindruck eines eher Schweigsamen auf Ellen macht, gibt Streiflichter aus seinem Leben preis: Seine Familie, ursprünglich in Pommern beheimatet, mußte vor den Russen fliehen. Der Krieg hat so manches entwurzelt und verändert. Ein kleiner Junge war er noch gewesen, als seine Mutter mit seinen beiden älteren Brüdern die Heimat verließ. Sein Vater, den er nur einmal in seinem Leben sah, wurde als vermißt gemeldet und kam nie mehr zurück. Er fühle sich jetzt aber schon lange im Süden Deutschlands beheimatet, sei dort zur Schule gegangen, dort habe er auch seine Frau kennengelernt, von der er sich vor zwei Jahren trennte.
Ob er auch Kinder hätte, will Ellen wissen, Enkel?
Kinder! Ja, eine Tochter, Enkel nein.
Sie wiederum sei ein echtes Schwabenmädel und stamme von der malerischen Gegend um den Bodensee, erzählt sie nicht ohne Stolz. Sie liebt diesen gemütlichen Landstrich

mit seinen weichen Hügeln und den satten Wiesen, den Kirchen mit den typischen Zwiebeltürmen und den oft zum Greifen nahen Alpen, die auch im Sommer noch Schneemützen tragen.
Die beiden so angeregten Plauderer beschließen nach einiger Fahrzeit – es sind unterdessen fast drei Stunden vergangen – sich in den Speisewagen zu begeben und eine Kleinigkeit zu essen. Ellen fallen die guten Manieren ihres Reisebegleiters auf, und sie vergißt zeitweilig sogar den eigentlichen Grund ihrer Reise.
Während sie die kleine Karte mit den abgebildeten Menüs studiert, hört sie die aufmunternde Frage, ob er sie zu einem Gläschen Wein einladen dürfe.
Er darf!
Jetzt stockt sein Redefluß etwas, und Ellen glaubt, ein wenig Spannung zwischen ihnen beiden zu erahnen.
»Ich trinke auf Ihren Charme und unsere Bekanntschaft«, vernimmt sie wieder seine Stimme, als der Wein serviert wird.
Wieder befürchtet Ellen, daß ihre Wangen einen kräftigeren Rotton annehmen. Sie nickt ihrem Gegenüber zu, während sie einen Schluck nimmt, ohne seinen Blick zu verlieren.
»Gestatten Sie, daß ich mich vorstelle? Cronhoff, mit »C«. Rüdiger Cronhoff.«
»Angenehm. Ellen Fries.«
Schweigen auf beiden Seiten. Noch mehr als vier Stunden Fahrzeit, sagt Ellens innere Stimme.
Sie schauen gemeinsam hinaus in die jetzt gleichbleibend grüne Landschaft. Man hört nur das Murmeln der anderen Fahrgäste und das gelegentliche Rattern der Räder auf den Schienen.
»Wollen wir zurückgehen in unser Abteil?« unterbricht Ellen das Schweigen. Die allzunahe Stille ist ihr unheimlich. Ein Ortswechsel soll Entspannung bringen.
»Hoffentlich erschreckt es Sie nicht, wenn ich um Ihre Tele-

fonnummer bitte. Ich bin nur drei Tage in der Stadt, und ich möchte Sie wiedersehen. Vielleicht gibt es ein gutes Konzert oder eine sehenswerte Theateraufführung. Ich würde mich glücklich schätzen, wenn Sie mir die Freude machen würden.«

In der Aufregung fällt Ellen die Telefonnummer ihrer Schwiegertochter nicht gleich ein. Wer rechnet mit 56 Jahren denn auch mit sowas? Muß man da nicht durcheinander geraten? Hilfesuchend kramt sie nach ihrem Notizbüchlein, in dem sie ganz sicher die Nummer aufgeschrieben hat. Aber die Handtasche gibt alle möglichen Dinge frei, nur nicht das besagte, wichtige Utensil.

»Es tut mir leid. Die Nummer habe ich nicht im Kopf, und mein Notizbuch muß ich wohl zu Hause vergessen haben.«

Um ihr jegliche Peinlichkeit zu ersparen, drückt er ihr seine Visitenkarte in die Hand, kritzelt zuvor noch sein Hotel und dessen Adresse mit Telefonnummer auf die Rückseite.

»Ich warte.« Für die Zeit eines Wimpernschlags berühren sich ihre Hände.

Die acht Stunden Fahrzeit gehen ihrem Ende entgegen. Lange hat Ellen nicht mehr erlebt, daß eine Bahnfahrt so kurzweilig und angenehm sein kann.

Es ist Zeit, sich zum Aussteigen fertigzumachen. Herr »C« hilft Ellen in den Mantel, holt ihren Koffer aus dem Gepäcknetz und wendet sich seinem Gepäck zu. Beim Aussteigen verabschieden sie sich, ohne noch irgend etwas über die nächsten Tage zu sagen oder gar zu planen.

Ellen wird am Bahnsteig von ihrer Schwiegertochter erwartet. Ihre sichtbare Mutterschaft stehe ihr gut, bemerkt sie und nimmt die junge Frau herzlich in die Arme.

Plaudernd und munter verlassen die beiden Frauen den Bahnhof, und ein Taxi bringt sie zu dem etwas außerhalb gelegenen Haus, das das junge Paar erst seit vier Wochen bewohnt.

Ellen ist neugierig, sie kennt es ja nur von Bildern und war zunächst sehr angetan von der herrlichen Lage und der Jugendstilfassade. Die Fahrt geht durch typische Vorstadtstraßen mit herrlichen Bürgerhäusern. Ellen gefällt es hier. »Kakenhauerweg 9, bitte«, wiederholt jetzt die Schwiegertochter und macht den Taxifahrer darauf aufmerksam, daß sie gleich am Ziel sind. »Hier ist es, bitte halten Sie an.« Ellen sieht zunächst einen Garten mit alten Bäumen und riesigen Rhododendren.

»Was mag das für eine überwältigende Pracht sein, wenn sie im Frühling blühen«, schwärmt Ellen, während sie von ihrer Schwiegertochter über einen schmalen Kiesweg zum Haus geführt wird. »Wie entzückend, hier muß man sich wohl fühlen! Alles ist noch viel hübscher als auf den Fotos. Wieviel Charme doch ein Haus ausstrahlen kann! Hier werde ich mich zu Hause fühlen, und ich freue mich ganz besonders, daß euer Kind in eine solch behütete und friedliche Umgebung hineingeboren wird. In eine Umgebung, wo es noch Natur erleben kann und mit der Natur aufwachsen wird, so Gott will.«

»Diese Einschränkung mußt du allerdings machen«, antwortet die Schwiegertochter aus der Küche, während sie die Kaffeemaschine in Gang setzt. »In eines der Nachbarhäuser soll eine Arztpraxis eingerichtet werden, und ich befürchte, dann ist es aus mit der Ruhe und dem Frieden.«

Ellen bringt ihr Gepäck erst einmal unter. Später wird sie mit der werdenden Mutter das Haus besichtigen und »ihr Zimmer« beziehen. Zunächst aber wird – trotz der vorgerückten Stunde – noch eine gemütliche Kaffeepause eingeschoben. Es wird von allem und jedem erzählt – natürlich auch von Bernd, dem in der Ferne weilenden, zukünftigen Papa.

Die Schwiegertochter, von Ellen liebevoll »Floh« genannt, zeigt jetzt selbstverständlich zuerst das Kinderzimmer. Es gleicht den Kinderzimmern aller Familien auf der Welt, die ein Kind mit Freude und Sehnsucht erwarten. Das Bett-

chen bildet den Mittelpunkt. Das Zimmer wirkt hell, freundlich, und Spielsachen in allen Ausführungen warten darauf, daß sie von kleinen Händen erobert werden.
Ellen bekommt glänzende Augen. Wieder nimmt sie Floh in die Arme und drückt sie liebevoll an sich. Die beiden haben sich von Anfang an gut verstanden, Ellen will sich bemühen, daß es so bleibt.
Die übrigen Zimmer im Haus tragen ganz die persönliche Note der Schwiegertochter, und Ellen findet es gut, daß ihr nüchterner Sohn sich diese Frau ausgesucht hat, die mit Geschmack und viel weiblichem Geschick alles einzurichten verstand.
Ihr Zimmer heißt den Gast mit Behaglichkeit willkommen. Dem rückwärtigen Garten zu gelegen, wird es Ellen für die nächsten Wochen Zuflucht und Ruhe bringen, wenn es mal gar zu sehr drunter und drüber gehen sollte.
Sie räumt ihren Koffer aus und den alten Bodenseeschrank ein. Hängt Kleider über Bügel, legt Pullover und Wäsche in die Fächer. Die noch verbleibenden Stunden des Abends sind angefüllt mit Gesprächen von Frau zu Frau, von Mutter zu Mutter, und Ellen ist erfahren genug, ihre Schwiegertochter nicht mit allzuviel guten Ratschlägen einzudecken. Floh ihrerseits besitzt schon genügend Lebensklugheit, um einige Fragen an die reife Frau zu stellen. So ist nichts Belastendes zwischen den beiden, man begibt sich in angeregter, aber entspannter und gelöster Stimmung zur Ruhe. Nicht zu spät, denn die Angereiste ist von der Fahrt doch etwas ermattet, und für die junge Frau ist das frühe Schlafengehen ohnedies selbstverständlich.
Ellen erwacht, als sie ein verdächtiges Prickeln in der Nase verspürt. Gleich wird sie niesen. Sie kramt nach einem Taschentuch unter dem Kopfkissen, aber wo man nichts hingelegt hat, wird man auch nichts finden. In der Manteltasche wird sie gleich das benötigte Utensil finden. Sie steht auf, greift danach und zieht gleichzeitig die Visitenkarte

ihres Reisebegleiters heraus. Was soll ich denn damit, fragt sie sich, steckt das Kärtchen wieder zurück und legt sich noch einmal hin. Es ist zwar schon heller Morgen, aber man hat sich erst für halb zehn verabredet und Floh wollte am ersten Morgen die »Schwiema« mit dem Frühstück verwöhnen. Ellen döst vor sich hin. Wie hieß er doch gleich? Das mit »C« fand sie so spaßig, und sie erinnert sich jetzt: Rüdiger Cronhoff.

Merkwürdig, daß mich das doch beschäftigt, denkt sie. Ach Unsinn. Sie wird doch nicht – natürlich nicht, denn sie wird schließlich Großmutter. Oder wird sie etwa doch?

Strahlend und ausgeschlafen setzt sie sich an den mit viel Aufmerksamkeit gedeckten Frühstückstisch. Floh und Schwiema machen ein Tagesprogramm. Denn nur zu Hause hocken ist nicht nach ihrem Sinn. Sie werden in den Hafen fahren und ein wenig Fernweh schnuppern. Zuvor wollte Floh aber noch zur Ärztin gehen und sich ihr gutes Gefühl auch vom medizinischen Gesichtspunkt aus bestätigen lassen. Ellen wird im nahegelegenen Café bei einem kleinen zweiten Frühstück auf sie warten.

Wieder der Griff zum Taschentuch und die Visitenkarte in der Hand. Ellen weiß nicht, was endlich den Ausschlag gab. War es die Luftveränderung oder die Dame und der Herr, die das Café verließen, als sie eintrat, und die fröhlich lachend den Bürgersteig hinuntergingen? War es das Alleinsein über Jahre hinweg? War es vielleicht auch nur der Reiz des Neuen, des zu erwartenden Hochgefühls?

Diese Fragen lassen sich heute nicht mehr beantworten – vermutlich konnten sie nie beantwortet werden. Jedenfalls fand sich Ellen plötzlich in der kaffeehauseigenen Telefonzelle wieder, nahm den Hörer ab und drückte Zahlen: 7397047, mit Bedacht und ganz bewußt. Herzschläge bis zum Hals, als das Klingelzeichen die offene Verbindung anzeigte.

»Hotel ...« vernimmt sie jetzt eine geschulte Stimme.

»Können Sie mich mit Herrn Cronhoff verbinden? ... Nein, die Zimmernummer kann ich Ihnen nicht sagen.«
»Einen Augenblick bitte«, tönt es aus dem Hörer. »Herr Cronhoff hat die Zimmernummer 427, ich versuche es ... Er meldet sich nicht. Wollen Sie eine Nachricht hinterlassen?«
Ellen könnte nicht sagen, warum sie froh war, daß er sich nicht meldet. Einen Augenblick lang weiß sie nicht, was sie der freundlichen Hotelsekretärin antworten soll. Eigentlich sollte sie es damit bewenden lassen. Aber warum? Noch lebt sie, und sie ist auch durchaus imstande, das freudig zu empfinden. »Legen Sie ihm nur folgende Nummer hin. Weiter nichts.«
Ellen hat beschlossen, es darauf ankommen zu lassen.
Merkwürdige Gefühle haben sich ihrer bemächtigt, und etwas benommen kehrt sie an ihren Tisch zurück. Hoffentlich wartet Floh nicht schon auf sie. Nein, sie ist noch nicht zu entdecken. Welch ein Glück. Ellen muß ihren Tee trinken, ohne das Glas einmal abzusetzen. Hat sie da jetzt etwas ins Rollen gebracht? Was soll sie sich Gedanken machen? Er meldet sich ja doch nie. Darauf würde sie wetten. Vergessen wir das!
Winkend steht jetzt Floh in der Tür und kommt mit einem Lächeln auf dem schönen, jungen Gesicht, aber mühsamen Schrittes auf sie zu. »Alles bestens, es geht höchstens noch eine Woche, ich bin so aufgeregt.«
»Das darfst du auch sein, es wäre traurig, wenn es nicht so wäre«, beruhigt sie Ellen. Sie verbringen einen herrlichen Herbsttag an der Binnenalster. Das Telefongespräch mit einem Hotel ... ist vergessen.
»Schwiema, Telefon für dich«, hört Ellen die Stimme ihrer Schwiegertochter aus dem Treppenhaus klingen. Sie legt den Kopfsalat zurück auf die Arbeitsplatte, trocknet ihre Hände an der umgebundenen Schürze und eilt an den Apparat.
»Fries bei Familie Bernd Fries« meldet sie sich ungeschickt.

»Endlich! Wie geht es Ihnen? Übrigens, hier ist R.C. Haben Sie die lange Reise gut überstanden? Was machen Sie heute abend? Wir könnten uns noch etwas vornehmen. Es ist jetzt neunzehn Uhr. Kann ich Sie in einer knappen Stunde abholen? Wir haben nur zwei Abende. Ich möchte Sie wiedersehen und wünsche mir so sehr, daß Sie auch so denken. Ich habe zwei Karten für ein Kammerkonzert.«
Aber Ellen kann nicht mehr denken. Wie aus einem Automaten kommen ihre Worte: »Ich erwarte Sie in einer halben Stunde.« Benommen legt sie den Hörer auf die Gabel. Sie, Ellen Fries, geb. Burger, 56 Jahre alt und in Kürze Großmutter, hat sich zu einem Rendezvous verabredet! Ob sie den Verstand verloren hat? Doch sie weiß, daß es darauf nur eine Antwort geben kann: Sie ist nicht nur wohltuend normal, sondern auch noch durchaus unternehmungslustig.
Und langsam macht sie sich die Situation klar. Warum sollte sie eigentlich nicht? Wer würde sie davon abhalten können? Schließlich ist sie erwachsen, und sie ist Frau genug, um in knappen Gedanken das zu erfassen, worauf sie sich da einlassen wollte. Sie hat ein unbeschreiblich gutes, beschwingtes Gefühl dabei.
Unbändige Freude steigt in ihr auf. Alles in ihr beginnt zu jubeln. In all den Jahren ihrer Ehe hatte es für sie nur einen Mann gegeben: den Vater ihrer Kinder. Nie war ihr etwas zuviel geworden. Lieblosigkeiten, gedankenloses Nichtbeachtetwerden hatte sie geschluckt ohne zu murren, genauso wie die oft befürchteten und manchmal auch bestätigten Amouren ihres »Herrn und Gebieters«. Niemals hatte sie aufgehört, ihn zu lieben und zu bewundern. Er war für sie die Stärke in Person, der große Meister, der sich manche Freiheiten erlauben durfte, die sie sich stets und selbstverständlich versagt hatte – für alle Zeiten ihrer Ehe. Die so seltenen, aber mit Inbrunst ersehnten Freuden im Ehebett wurden bald zur Ausnahme und schließlich nur Ausnahme der Ausnahmen. Ellen schwieg auch dazu. Anfangs hatte sie sogar noch

den Mut gehabt, Wünsche zu äußern. Aber sie wurde sehr bald gewahr, daß hier ein Mann das Sagen hatte, bei dem das gemacht oder nicht gemacht wurde, was er sich vorstellte.
Ellen verstand in diesem Moment nicht mehr, daß sie trotzdem nie ihren Humor verloren hatte und niemals auf die Idee gekommen war, sich auf sich und damit auf ein Besseres zu besinnen. Trotzdem war der plötzliche Tod ihres Mannes ein harter Schlag für sie. Und jetzt? Jawohl, sie würde diesen Mann treffen. Das Schicksal hatte ihn ihr in den Zug gesetzt. Und es kam ihr auch überhaupt nicht in den Sinn, nun ihrer Schwiegertochter gegenüber irgendeine Ausrede zu erfinden. Nein, sie erzählte fast minuziös, was die vergangenen 24 Stunden für sie gebracht hatten. Sie hatte es nicht nötig, sich mit Ausflüchten zu rechtfertigen. Ihre Schwiegertochter reagierte phantastisch: »Schwiema, das finde ich ja fabelhaft. Vergiß den Salat und das gesamte Abendessen und mach dich so hübsch du kannst. Nun geh doch schon aus der Küche und fang an, dich zu verschönern.«
»Du bist ein Schatz.« Und sie verschwand im Badezimmer. Sie konnte nicht mehr hören, wie Floh vor sich hinmurmelte: Wir Frauen müssen in jedem Fall zusammenhalten. Schwiema wird ein neues Lebensgefühl bekommen. Sie hat es verdient.
Ellen stand minutenlang vor dem Spiegel. Prüfenden Blikkes schaute sie sich an. Was mochte er vorhaben? Hatte sie das auch vor? Wo waren ihre Grenzen? Sie hatte natürlich Grenzen! Doch warum?
Sie war aufgeregt wie ein junges Mädchen und so fühlte sie sich auch, nur nicht so unwissend. Sie konnte sich einstellen auf jede Situation. Mußte nicht überrascht sein. Über nichts. Und mit klarem Kopf und innerer Bereitschaft, aber mit rasendem Puls erwartete sie das Neue, das ihr in den nächsten Minuten begegnen würde.

Sie wartete am Fenster zur Straße, wollte ihn aus dem Taxi steigen sehen, ihn sehen, bevor er sie sah. Und da war es schon, das Taxi. Langsam fuhr es jetzt auf die Nr. 9 zu. Er stieg nicht gleich aus, als der Wagen hielt. Offenbar gab er dem Fahrer zu verstehen, daß er warten sollte. Dann kam er, ging mit sicherem Schritt auf das Haus zu. Ellen konnte ihn jetzt nicht mehr sehen. Die Türglocke schlug an.
»Mali«, so nannte Floh in ganz bestimmten Situationen ihre Schwiegermutter – und jetzt war so eine bestimmte Situation, »ich wünsche dir einen schönen Abend. Freu dich!«
»Kind, du bist ein richtiger Schatz, ich glaube, ich freue mich sehr.«
Sie öffnete die Haustür, ein Handkuß und ein »Ich danke Ihnen« begrüßten sie. Floh war diskret im Wohnzimmer verschwunden. Ohne weitere Worte gingen Ellen Fries, Mutter von drei Söhnen und einer Tochter, dazu angehende Großmutter, und Rüdiger Cronhoff mit »C«, Vater einer erwachsenen Tochter und Abteilungsleiter in einer süddeutschen Metallwarenfabrik, zum wartenden Taxi.
»Zum ... bitte.« Rüdiger Cronhoff nannte die Adresse des Gebäudes, in dem das Konzert stattfinden sollte.
Ein festlich beleuchteter Saal nahm die beiden auf. Elegant gekleidete Menschen, die sich teilweise flüsternd unterhielten oder in das Programmheft vertieften.
Es waren sehr gute Plätze, auf denen Ellen und Rüdiger jetzt Seite an Seite fast auf Tuchfühlung saßen. Sie studierten die ausgedruckte Konzertfolge und lasen, ohne sich weitere Gedanken zu machen, die Namen der ausführenden Künstler. Sie sagten ihnen nichts. Der prachtvolle Flügel wurde angestrahlt, es wurde still im Zuhörerraum. Mit freundlichem Beifall wurden jetzt die Interpretinnen bedacht. Sie standen auf der Bühne und verneigten sich: Ein schwarzer, glatter Bubikopf und eine Frau mit silbergrauen, gewellten Haaren, das an die zwanziger Jahre erinnerte.
Ellen hat ein beklommenes Gefühl, und ihr ist unheimlich

zumute. Wie merkwürdig das Schicksal seine Fäden spinnt, und wie eigenartig Ereignisse zusammenspielen. Jetzt weiß Ellen, wer die beiden außergewöhnlichen Damen im Abteil waren, und sie fühlt sich eingebunden in ein Geschehen, das sie nicht beeinflussen kann, das wir Fügung nennen.
Ellen und Rüdiger erleben einen Kunstgenuß besonderer Art. In der Pause erfahren sie dann, daß die Künstlerinnen am Abend zuvor in Stuttgart gastiert hatten. Ellen erinnert sich an die Gesprächsfetzen im Zug, die sie so neugierig werden ließen, und sie unterstellt Rüdiger Cronhoff, daß er spätestens beim Kartenkauf die näheren Umstände erfahren hatte. Doch sie besteht nicht auf einer Aufklärung, sie genießt. Nach dem Konzert schlägt Rüdiger vor, noch ein gemütliches Lokal aufzusuchen. Es gibt hier die herrlichsten Restaurants mit den verführerischsten Fischspeisen. Dort kann man den gelungenen Abend ausklingen lassen.
Die »Languste« wird angesteuert – für den Taxifahrer eine vertraute Adresse.
Im Taxi herrscht eine für Ellen unerträgliche Stille. Alles, was ihr zu sagen einfällt, kommt ihr töricht und albern vor. So schweigt sie.
Auch Rüdiger Cronhoff scheint es schwerzufallen, irgendeinen Gedanken auszusprechen. Er will nicht aufdringlich oder plump erscheinen. Die Dame, die da neben ihm sitzt, ist ihm zu wichtig und der Augenblick zu kostbar, als daß er ihn mit seichten Floskeln verwässern wollte. Also schweigt auch er.
Ganz vorsichtig legt er seine Hand auf die ihre, die wie zufällig in seiner Reichweite auf dem Sitz liegt. Und wie er spürt, mit Freude spürt, daß sie sie ihm nicht entzieht, drückt er sie sanft, fast unmerklich. Aber Ellen weiß in diesem Augenblick, daß ihr dieser Mann nicht mehr gleichgültig ist. Ihr Gesichtsausdruck wird sie verraten ...
In der »Languste« gibt es einen einladenden Zweiertisch, und der köstliche Wein, die erlesenen Speisen, die intime

Atmosphäre, das gepflegte Ambiente tun ein übriges, die Sinne der beiden reifen Menschen auf das Folgende einzustimmen.
Ihre Augen treffen sich immer wieder, und die Blicke sagen alles, ohne daß es weiterer Worte bedarf. Sie haben das Bedürfnis miteinander allein zu sein. Ellen fühlt sich in einer Art zu diesem Mann hingezogen, wie sie dies seit ihrer Jugend nicht mehr verspürt hat. Ein Sehnen fließt durch ihren Körper und ihr Blick verrät ihm, daß sie auf ein Zeichen von ihm wartet. Die Drähte zwischen ihnen glühen, und die Spannung wächst mit jedem Augenblick.
Das Dessert wird aufgetragen, und Ellen ißt nur noch aus Höflichkeit. Ihr hat es den Hals zugeschnürt, und ihre Hände zittern, als sie nach dem Weinglas greift. Sie weiß den Blick Rüdigers unverwandt auf sich gerichtet, und als er dann sagt: »Wie schön Sie sind«, überkommt sie ein plötzlicher Schwindel. Sie gibt ihm zu verstehen, daß sie nun gern gehen möchte.
Draußen sind die beiden im aufsteigenden Nebel nur noch schemenhaft zu erkennen. Doch Ellen und Rüdiger bemerken es nicht. Ohne Vorwarnung umarmen sie sich, und die vorhergegangene Spannung, die Sehnsucht nach der Nähe lösen sich in dieser spontanen Reaktion.
»Komm«, hört Ellen nun Rüdigers Stimme, und er dreht sie sanft etwas von sich weg, so daß er sie zu einem wartenden Taxi führen kann, und wie durch eine Wand hört Ellen den Namen des Hotels, in dem Rüdiger wohnt.
Was tut sie da? Schickt sich das für eine ältere Dame? Wird sie sich nichts vergeben?
Ellen hat wirre Gedanken und einen sich nach Zärtlichkeit sehnenden Körper. Eine schwerwiegende Diskrepanz. Sie hat ihren Kopf an die Schulter Rüdigers gelegt und wäre am liebsten eingeschlafen, um einen zauberhaften Traum zu träumen. Aber dies hier ist Wirklichkeit, eine Realität, die ihr alle Wonnen verspricht, die sie so unendlich lange

entbehren mußte und die sie ohnehin nur vom Hörensagen kennt.
Warum soll sie sich zieren? Und worauf will sie warten? Sie ist bereit, noch einmal mit beiden Händen nach dem Leben zu greifen. Wie selbstverständlich folgt sie ihm dann auch auf sein Zimmer. Sie bekommt alles – sie schenkt alles.
Ellen spürt noch immer die Hand des Mannes auf ihrer Wange.
»Du hast mich ins Leben zurückgeholt, geliebte Fremde.« Rüdiger gebraucht nun das vertraute Du, und küßt sie immer wieder.
»Und Du hast mir, einer Frau mit 56 Jahren erst einmal das Leben gezeigt. Ich fühle mich unsagbar wohl und gut bei dir. Womit habe ich das verdient? Sind wir Günstlinge des Schicksals oder irgendeiner gnädigen, fremden Macht? Es ist mir so unbegreiflich. Ich habe nie mehr damit gerechnet. Aber vielleicht bin ich gerade deshalb dir und dem Glück begegnet.«
Ellen versucht, auszusprechen, wovon ihr das Herz voll ist.
»Kann man so etwas festhalten?«
»Wir werden unser Leben so einrichten, daß wir uns immer wieder begegnen. Wir nutzen die Zeit. Es geht nicht darum, wie lange eine Liebe dauert, es geht darum, wie intensiv man sie erlebt. Ich hoffe aber, daß die Intensität unserer Gefühle nie enden wird. Und diese Hoffnung ist berechtigt. Auf Grund der Reife, die wir beide mitbringen. Ellen, ich liebe dich, weißt du das?«
Nach einem kurzen, tiefen, traumlosen Schlaf, kann Ellen endlich wieder daran denken, daß auch zwei Liebende Pflichten haben. Am Morgen sitzt Ellen mit einem mächtigen Schlafdefizit, aber strahlend schön am Frühstückstisch mit ihrer Schwiegertochter, die ihr jetzt die Möglichkeit gibt, sich mitzuteilen: »Du siehst glücklich aus, Mali. Ich freue mich so für dich.«
»Ja, mein Kind. Ich bin dem Leben und dem Glück begeg-

net, dem ganz speziellen Glück einer Frau. Menschliches Glück habe ich durch euch, meine Kinder, erfahren. Durch wertvolle Freunde. Aber das Glücklichsein, das Sich-als-Frau-fühlen-Dürfen, das Begehrtwerden in meinem Alter – das ist das wundervollste, überraschendste, beglückendste Gefühl, das ich als Frau bisher erfahren habe. Kannst du das verstehen?«

Das Klingeln des Telefons unterbricht die Unterhaltung. Und Ellen ist schon auf dem Sprung, einerseits, weil sie auf einen Morgengruß von Rüdiger wartet, andererseits, weil sie der werdenden Mutter unnötige Schritte ersparen möchte.

»Ellen Fries«, meldet sie sich.

»Liebste, bist du froh aufgewacht? Oder konntest du nicht mehr schlafen so wie ich? Ich liebe Dich!«

»Und um das hören zu können, mußte ich fast tausend Kilometer mit der Eisenbahn fahren.«

Ellen hat überhaupt keine Scheu, vor ihrer Schwiegertochter so zu sprechen, einfach alles zu sagen, was ihr in den Sinn kommt.

Es ist ein zärtliches Telefongespräch zwischen den beiden, und sie verabreden sich für den Abend. Es wird bis auf weiteres der letzte für sie sein. Rüdiger muß wieder zurück in die Firma, und Ellen wird bei ihrer Schwiegertochter bleiben – nicht nur, bis das Baby zur Welt gekommen ist, sondern auch noch einige Wochen, bis ihr Sohn von seiner Auslandsmission zurückgekehrt ist. Das hat sie den beiden fest versprochen, und das wird sie auch tun.

Der Tag ist angefüllt mit Einkäufen und noch so manchen letzten Vorbereitungen für den Empfang des neuen Erdenbürgers. Ellen macht sich überall nützlich, sieht sofort, wo sie helfend eingreifen kann. Denn sie ist praktisch veranlagt und packt zu, wo es nötig ist, ohne lange zu fragen.

Eigentlich könnte das Baby kommen – lange kann es ja auch nicht mehr auf sich warten lassen. Die junge Frau sehnt jetzt den Tag herbei, die Bewegungen fallen ihr

schwer, das Sitzen macht ihr Mühe und auch im Liegen findet sie keine rechte Entspannung mehr.
»Morgen werden wir zusammen einen kleinen Spaziergang machen«, bestimmt Ellen. »Es ist ja nichts mehr vorzubereiten. Du kannst jetzt nur noch warten, und ich helfe dir dabei und leiste dir Gesellschaft.«
So gehen die Stunden rascher vorüber als erwartet, und der hereinbrechende Abend macht Ellen froh. Denn sie wird sich mit Rüdiger treffen und hat somit ein nicht zu beschreibendes Hochgefühl. Sie macht für den Abend Toilette, aber nicht, ohne sich vorher von Floh versichern zu lassen, daß es der jungen Frau blendend geht und sie noch keinerlei Anzeichen von Wehen verspürt. Wäre es nicht so gewesen, wäre Ellen selbstverständlich zu Hause geblieben, wie sie alles in ihrem Leben selbstverständlich gemacht hat, wenn es ihr auch Opfer oder Mühe abverlangt hat.
In diesem ganz besonderen Fall ist sie freilich dem Schicksal dankbar, daß sie dieses eine Mal nur an sich denken darf.
Die Wiedersehensfreude nach 24 Stunden ist in beider Gesicht zu lesen. Sie versuchen, noch einmal den Rausch, den Höhenflug des vergangenen Abends zu wiederholen. Aber es kommt anders: Das leidenschaftliche Entdecken des anderen macht einer Innigkeit Platz, die immer dort einkehren kann, wo Vertrauen und Hingabe die Liebenden führt und treibt. Die Erregung hat nichts Aufgeregtes, nur noch Aufregendes, und Ellen ist immer noch Frau genug, um genießen zu können, um aufnehmen zu können, was ihr das Schicksal so lange – viel zu lange – versagt hat. Sie glaubt, nie so jung gewesen zu sein, und hätte sie jetzt jemand gefragt, ob sie sich vor dem Altern fürchte, so hätte er zur Antwort bekommen: »Altern, was ist das? Ich werde immer jung sein.«
Dennoch, die Zeit ist unbestechlich, und ließ sich auch durch Ellens und Rüdigers Glück nicht beeinflussen. Sie waren irgendwann eingeschlafen, hatten sich aber zuvor ein gemeinsames Frühstück versprochen.

Der Zimmerkellner klopfte diskret, und Rüdiger bat ihn herein. Er stellte ein appetitliches Morgenmahl auf den kleinen Tisch, auf dem noch die rote Rose lag.
Ellen wartete, bis sie wieder allein waren, erfrischte sich dann unter einem kräftigen Wasserstrahl, und kam Rüdiger entgegen, strahlend wie der junge Morgen. Er drückte sie an sich, bedeckte ihr Gesicht mit Küssen und sagte zwischendurch immer wieder: »Wie schön, daß du nicht gegangen bist! Das gemeinsame Erwachen, das Frühstücken zusammen, wie sehr habe ich das vermißt.« Ellen vernimmt den Klang seiner Stimme mit liebevollem Lächeln. Sie ist davon fasziniert, beinahe betört, der Sinn seiner Worte ist dabei zweitrangig. Sie will, daß er überhaupt nicht mehr aufhört, sie mit Worten und seiner Stimme zu streicheln.
Doch was ist das? Ein unangenehmes Geräusch schrillt in ihren Ohren. Das Zimmertelefon reißt sie aus ihrer schwärmerischen Stimmung und läßt Rüdiger die Umarmung lösen. »Cronhoff ... Ja, sie ist hier. Möchten Sie sie sprechen?«
Ellen ist im selben Augenblick wieder die werdende Großmutter, stürzt ans Telefon, reißt Rüdiger fast den Hörer aus der Hand, und aufgeregt kommen ihre Worte: »Mein Kind, ist es soweit? Ich komme sofort.«
Ellen ist im Nu in ihren Kleidern und steht jetzt bereit, das Zimmer, das Hotel, Rüdiger zu verlassen. Hastig nimmt sie ihn in die Arme: »Ich liebe dich, aber du verstehst mich: Ich muß jetzt weg.«
Während Ellen sich ankleidete, hatte Rüdiger bereits ein Taxi bestellt, zu dem er sie begleitet. Als sie einsteigt und ihm noch einmal einen liebevollen Blick zuwirft, hört sie ihn fragen: »Willst du meine Frau werden, nachdem du Großmutter geworden bist?«
Die letzten Worte freilich gehen fast unter im Motorengeräusch des Autos, das Ellen eiligst zu ihrer Schwiegertochter bringt, die mit bereitgestelltem Köfferchen und etwas ge-

beugter Haltung schon im Flur steht. Ellen hat vorgesorgt, sie hat ihr Taxi warten lassen und hilft jetzt Floh, die ihre Eröffnungswehen durchzustehen hat, in das wartende Auto zu steigen.
»Ich wollte eben noch ein Taxi bestellen, da bist du schon gekommen«, seufzt Floh erleichtert. Ellen nickt ihr aufmunternd zu: »Bleib ganz ruhig und versuch, dich zu entspannen. Ab sofort hat die Natur die Regie, und du bist ihr Werkzeug.«
Glücklich ist die Klinik erreicht und Ellen führt die von Wehen geplagte Schwiegertochter in die Aufnahme, wo ihr schon eine junge Schwester helfend unter die Arme greift. Für Ellen bedeutet das, jetzt ruhig Blut bewahren und abwarten. Sie hat sich vorgenommen, in der Klinik zu bleiben, bis das große Ereignis vorüber ist. Die Stunden des Wartens und auch des Bangens will sie aber nicht so ungenutzt verstreichen lassen. Sie denkt an Rüdiger und überlegt, ob sie ihm nicht einen Brief schreiben soll. In diesen Stunden wird er abreisen, und für längere Zeit wird es kein Wiedersehen geben können.
Ihre Gedanken werden unterbrochen vom Öffnen der Tür. Ein junger Mann betritt den Warteraum – sichtlich aufgeregt und nervös. Ja, so sind sie, die werdenden Väter, es folgte ihm gleich ein zweiter und noch ein dritter. Ellen kommt sich etwas merkwürdig vor in dem Reigen der stolzen Erzeuger, aber was macht es, sie ist anstelle ihres Sohnes hier und damit basta.
Wie wird es Floh gehen? Diese Ungewißheit plagt sie, aber Ellen weiß die junge Frau in besten Händen und ermahnt sich zur Ruhe. Rüdiger – was war das für ein Aufjubeln der Sinne! Ellens Gedanken schweifen ab. Sie nimmt einen kleinen Zettel aus ihrer Handtasche und versucht einige Gedanken festzuhalten, stellt jedoch gleich fest, daß das Papier nicht ausreicht. So geht sie zur Aufnahme und bittet die Dame dort im Glaskasten um einen Bogen Papier. Sie bedankt sich, möchte noch wissen, ob sie Auskunft über den

Stand der Dinge im Kreißsaal geben kann, bekommt einen negativen Bescheid, was sie sich ohnehin denken konnte, und geht zurück in den Raum, wo es nach Sauberkeit und Geduld riecht. Dort rutschen unterdessen vier nervöse junge Herren unruhig auf ihren Stühlen und blättern in Zeitungen, ohne auch nur einen einzigen Buchstaben zu lesen.
Ellen greift sich eine dickere Zeitschrift, die sie als Unterlage für ihr Schreibpapier benutzen will.
»Liebster C«, beginnt sie. »Obwohl ich gerade im Begriff bin, Großmutter zu werden, kann ich meine Gedanken nicht von Dir lassen. Ich kann denken, was ich will, immer münden sie in ein und dasselbe Thema, und das bist Du! Du bist ein Teil von mir geworden. Du hast ganz neue Akzente gesetzt, die mir ein Lebensgefühl schenkten und schenken, das Hochgefühl bedeutet. Unsere Sprache ist zu arm, um das alles in Worte fassen zu können, was mich erfüllt und womit ich mich spüre. Kann das denn sein, und gibt es Dich wirklich? Habe ich Deine Nähe, Deine Zärtlichkeit, Deine Hingabe, Deine Männlichkeit nicht nur geträumt? Mit wieviel Wonne habe ich das alles geschehen lassen, habe mich treiben lassen, um Dir ganz nahe zu sein. In der kurzen Zeit unserer Begegnung habe ich das Glück gesehen, Seligkeit gekostet und süßes Frausein geschmeckt. Während ich Dir das alles schreibe, wundere ich mich selbst über mich und die Worte, die mir in den Sinn kommen, und den Mut, sie Dir zu schreiben. Du hast alle Verkrampfung von mir genommen, hast mich frei und wieder liebesfähig gemacht.«
Die Tür geht auf, im Rahmen ein weißer Kittel und eine Frauenstimme, die fragend einen Namen nennt: »Kettner, Herr Kettner?«
Ein Aufspringen vom Stuhl, daß dieser beinahe umkippt, und einer der jungen Männer stürzt zur Tür und rennt dabei die Weißgekleidete fast um. Für Bruchteile von Sekunden war Leben im Wartezimmer, nun ist alles wieder still, und die Spannung steigt.

Ellen starrt blicklos in den Raum. Sie ist verwirrt und überschüttet sich mit Selbstvorwürfen: Wie kann ich an »C« denken und, was noch schlimmer ist, an ihn schreiben, während mein Sohn ein Kind bekommt und meine Schwiegertochter sich müht, es auf die Welt zu bringen? Ich scheine jedes Maß verloren und die Welt auf den Kopf gestellt zu haben. Fünf Stunden sitze ich jetzt hier und genieße es, geliebt zu werden, statt zu hoffen, zu bangen und zu beten! Ellen ruft sich zur Ordnung und versetzt sich in die Rolle, die sie bald wird übernehmen müssen: Oma!

Der weiße Kittel steht erneut in der Tür: »Frau Fries?« klingt es fragend?

Ellen fühlt einen Stich in der Herzgegend. Sie kann nicht gleich aufstehen. Sie steckt den begonnenen Brief in die Tasche, dann legt sie bedächtig die Zeitschrift auf den Tisch zurück und jetzt erst tragen sie die Beine zum Ausgang. Auf dem langen Flur wartet ein Arzt auf sie, den Mundschutz noch in der Hand, und streckt ihr die Hand entgegen. »Ich beglückwünsche Sie zu ihrem Enkelsohn.«

Die Spannung löst sich und Tränen der Freude und Dankbarkeit rollen Ellen über die Wangen.

»Wo ist meine Schwiegertochter? Kann ich sie sehen?«

Die Schwester begleitet Ellen zum Aufzug und bringt sie zur Wöchnerinnenstation. Bei Zimmer 28 bleibt sie stehen und bedeutet ihr mit einer knappen Geste, daß sie hier ihre Schwiegertochter antreffen wird. Ellen klopft zaghaft und öffnet die Tür. Eine erschöpfte, aber glückstrahlende Floh lächelt ihr entgegen.

Jetzt spielt sich eine Szene ab, die alle kennen, die Mutter und Großmutter wurden. Das Krankenzimmer birst fast vor überschäumender Freude, die Welt ist um einen kleinen Jungen und um ein glücklich dankbares Elternpaar reicher geworden – und natürlich um eine stolze Großmutter.

Ellen hat noch mit Großmutterstolz den neuen Erdenbürger betrachtet und zufrieden festgestellt: ein echter Fries.

Ihre Mission ist damit teilweise erfüllt. Sie fährt zum Haus des Sohnes zurück und bemüht sich, ihre durcheinanderwirbelnden Gedanken zu ordnen. Hier ein unsagbares Glück durch die problemlose Geburt und den gesunden Enkel. Dort ein unsagbares Glück durch die Liebe und Zuneigung eines Mannes, den Ellen kaum kennt, und der ihr doch schon so vertraut ist, als kenne sie ihn schon Jahre. Sie hat das Gefühl, noch einmal ganz neu beginnen, sich noch einmal ganz neu orientieren zu können.
Am Abend ruft sie Floh an und erkundigt sich, ob alles in Ordnung ist und wie sie sich fühlt. Sie bekommt die beste Nachricht, ist beruhigt und setzt sich zur Ablenkung vor den Fernseher. Heimlich hofft sie natürlich, einen Anruf zu bekommen, und er kommt. Ellen erzählt erst einmal von ihrem Enkel und von der Freude, die allenthalben herrscht. Nur ihren Sohn konnte sie noch nicht erreichen, es ist auch mit der Zeitverschiebung etwas schwierig.
Rüdiger freut sich mit ihr und erinnert Ellen an den Satz, den er ihr noch zugerufen hatte, als sie schon im Taxi saß. Aber Ellen braucht nicht daran erinnert zu werden. Sie hat die Worte noch ganz genau im Ohr, doch jetzt erst nimmt sie sie so richtig ernst. Aber sie möchte darauf nicht antworten – noch nicht. Sie hat erst mal ihre Pflichten zu erfüllen, dann wird sie weitersehen. So einfach, wie Rüdiger sich das vielleicht vorstellt, ist für Ellen die Sache nicht. Zunächst ist sie ganz einfach überglücklich, einen Menschen gefunden zu haben, zu dem sie sich hingezogen fühlt. Außerdem hat sie Kinder, mit denen sie erst über alles sprechen möchte. Eines aber hat sie sich schon fest vorgenommen: Sollte sie die Entscheidung für ein gemeinsames Leben mit Rüdiger treffen, so wird sie sich von niemandem davon abhalten lassen – auch nicht von einem ihrer Kinder – auch nicht von allen vieren gleichzeitig. Zu lange mußte sie das Leben entbehren, und zu lange hat sie nur an andere gedacht. Offenbar ist jetzt die Zeit gekommen, wo sie an sich denken soll.

Das alles erklärt sie Rüdiger am Telefon, der ihre Entschlußkraft sehr unterstützt, sie aber keineswegs bedrängt. Er gibt ihr nur zu bedenken, daß sie beide mit ihrer Zeit haushalten müßten, sie haben schließlich nicht mehr das ganze Leben vor sich. Ellen weiß das und beendet das Telefongespräch, indem sie Rüdiger erzählt, daß sie einen Brief an ihn begonnen hat, den sie noch fertigschreiben will. Rüdiger will wieder anrufen.

Ellen will natürlich versuchen, den frischgebackenen Papa zu erreichen. Immer wieder wählt sie die lange Zahlenreihe, bis sie sie fast auswendig kann. Endlich ist eine Verbindung hergestellt, aber ihr Sohn – unauffindbar. Ellen kann sich das nicht vorstellen, noch wenige Tage zuvor klappte das doch fabelhaft.

Was sie nicht wissen kann: Bernd hatte die Hebamme beauftragt, ihm sofort beim Eintreffen seiner Frau in der Klinik ein Telegramm zu schicken. Er wollte dann die nächste Maschine nehmen, um schnellstens bei seinen Lieben zu sein. So setzte sich Ellen wieder an den Tisch, läßt im Hintergrund den Fernseher laufen und fährt in ihrem unvollendeten Brief fort:

»Mein Lieber, in der Zwischenzeit ist Wichtiges geschehen, und Du bist auch wieder zu Hause. Viele Kilometer von mir entfernt. Keiner von uns hat etwas gewollt, und deshalb haben wir es bekommen. Keiner von uns hat etwas geplant, etwas vorausgedacht. Jeder hatte seine Aufgabe, seine Pflicht im Kopf, nichts wurde geschoben oder nachgeholfen, es war einfach da – wir waren einfach da und dann bereit. Mein Leben hat einen anderen Sinn bekommen. Ich schreibe Dir bewußt: einen anderen Sinn, denn für mich war mein Leben niemals sinnlos. Doch jetzt leuchten die Farben intensiver, meine Beine gehen beschwingter, mein Herz schlägt gleichmäßiger und mein Lebensgefühl sagt mir, du wirst noch eine lange, schöne Zeit haben mit ihm.«

Ellen öffnet sich ihm ganz. Mit jedem Wort, das sie schreibt, hat sie das Gefühl, nicht nur ihrem Glück, sondern auch seinem Glück immer näher zu kommen. Sie und er, sie waren ein Naturereignis, dessen war sie sich sicher, und sie wollte ihm das auch durchaus zu verstehen geben. Sie wollte für ihn da sein, wenn auch er es wollte, und in wenigen Wochen, wenn die junge Mutter ihren Haushalt wieder im Griff hat, wird ihre Aufgabe hier beendet sein. Dann wird sie an sich und an eine gemeinsame Zukunft denken. Das verspricht sie ihm.

Sie, Ellen Fries, geb. Burger, Mutter von vier Kindern und seit sechs Jahren Witwe, ist im Begriff, ja zu sagen zum Leben, zum Lieben, zu ihm.

Es ist spät, als Ellen die Feder aus der Hand legt, und sie fühlt sich frei. Es wird eine Fortsetzung geben ...

Am nächsten Morgen will Ellen als erstes in die Klinik gehen. Vielleicht erfährt sie von Floh, ob irgendein Kontakt zu Bernd zustande gekommen ist.

Diesmal fährt sie nicht mit dem Taxi, sondern nimmt den Linienbus und beobachtet ihre Mitreisenden. Aus keinem Gesicht kann sie etwas Besonderes lesen. Alle blicken sie noch etwas verschlafen und mißtrauisch drein.

Ellen fragt sich, ob man ihr nicht vielleicht doch etwas ansieht. Ihre Gefühlswelt hatte sich so grundlegend geändert, daß es sich in ihren Gesichtszügen ganz gewiß widerspiegelt. Aber das soll ihr einerlei sein – im Gegenteil: Glück sollte immer sichtbar sein.

Ihr Ziel ist bald erreicht, und frohgelaunt steigt sie in den Aufzug. Aus dem Zimmer Nr. 28 kommen Stimmen. Ist der Arzt schon bei Floh? Es wird doch alles in Ordnung sein? Sie klopft, und eine vertraute Männerstimme antwortet. Ihr Sohn ist mit der Nachtmaschine gekommen und hat so seine Frau und natürlich auch sie freudig überrascht. Neuer Jubel im Wöchnerinnenzimmer, und alles drehte sich um ein kleines Bettchen mit einem friedlich schlummernden, kleinen Jungen.

Ellen bleibt nicht lange. Sie will die junge Familie nicht stören. Sie habe noch Einkäufe zu machen, sagt sie, und müßte deshalb jetzt wieder gehen. Auch das zaghafte Drängen, doch noch zu bleiben, nimmt sie nicht allzu ernst. Sie geht einfach. Sie freut sich, daß ihr Sohn so rasch reagiert hat und einfach angeflogen kam. Sie ist stolz auf ihren Sohn. So kann er bleiben. Mit ihm kann sie gewiß auch rechnen, wenn es um ihre Zukunft geht. Und um die ging es jetzt.
Ellen macht sich einen Plan: Vier Wochen wollte sie bleiben. Bis dahin ist Floh soweit wieder hergestellt, daß sie Haushalt und Baby bewältigen kann, und auch Bernd wird dann wieder zu Hause sein. Sie, Ellen, wird nicht lange fragen. Sie wird ihren Weg ebenso zielstrebig gehen, wie es ihre Töchter tun, die ja auch nicht fragen, was sie, die Mutter, von ihren jeweiligen Lebensgefährten hält, genauso wird sie es auch machen.

So wurde die junge, reife Liebe durch Telefongespräche immer wieder neu bestätigt, und es konnte keinen Zweifel mehr geben, daß Liebe zu Liebe finden würde.
Der kleine Friessohn ist unterdessen achtzehn Monate alt, die Omi längst abgereist und auch schon wieder zu Besuch gewesen. Rüdiger hatte noch einige Formalitäten mit seiner geschiedenen Frau zu erledigen, was nicht sehr belastend, aber doch notwendig war. Da war noch ein Haus, das es zu verteilen galt, und anderes mehr.
Es ist Frühling, und Klein-Bernhard spielt gerade unter den alten Bäumen auf dem schmalen Kiesweg mit den Steinchen. Die Post wird gebracht, und Floh, die im Herbst ihr zweites Kind erwartet, blättert neugierig durch die Briefe. Einer fällt ihr auf: eine ausländische Briefmarke. »Republique française« kann sie auf dem Stempel entziffern. Noch auf dem Weg ins Haus öffnet sie den Umschlag, und dann liest sie, was sie schon lange weiß und von Anfang an miterlebt hat:

»Ellen und Rüdiger Cronhoff mit C grüßen ihre lieben Kinder. Wir halten das Glück mit vier Händen fest. Im Herbst werden wir beide mit Klein-Bernhard zusammen das Geschwisterchen erwarten – im Warteraum, in dem es nach Sauberkeit und Geduld riecht.«
Floh nimmt ihren Sohn auf den Arm und gibt ihm viele Küsse auf sein kleines, verschmiertes Gesichtchen. »Die Omi-Ellen ist glücklich.«
»Omi-Ellen, Omi-Ellen« plappert das Kindermäulchen nach.

Schicksale

»Bücher sind nicht dazu da,
ein wohlfeiles Ersatzleben zu liefern,
im Gegenteil,
sie müssen zum Leben führen
und dem Leben nützen.«

(Hermann Hesse)

So vielschichtig wie das Leben, so unterschiedlich sind auch die Schicksale, die die Frauen zu bewältigen hatten, von denen ich jetzt berichten will. Es sind ganz besondere Frauen, zugegeben. Aber sind wir nicht alle ganz besondere Frauen? Einmalig? So sind es eben keine Romanheldinnen und keine Berühmtheiten, aber sie sind Heldinnen im stillen. Ihre Berühmtheit macht keine Schlagzeilen, sondern heilt Wunden, trocknet Tränen, ebnet Wege, und ihre Schicksale sollen Sie aufmuntern und nicht etwa in die Resignation treiben. Sie sollen Ihnen zeigen, wie es möglich ist, sich neu zu orientieren, den Lebenskarren, wenn es nötig sein sollte, aus dem Dreck zu ziehen und das Ruder des Lebensschiffes noch einmal herumzureißen.

Nun geht es um Frauen, die ihre ganze Kraft und Persönlichkeit, ja oft sogar ihre Gesundheit einsetzen mußten, um dem Leben wieder zu begegnen, die gekämpft haben um ihre nackte Existenz und um einen Platz in der Gesellschaft. Aber es geht auch um Frauen, die aus innerem Antrieb heraus ihrem Leben einen neuen Sinn gegeben haben.

Ellen hat zu ihrem neuen Leben nichts Aktives beitragen müssen – sie mußte dafür nicht arbeiten und nicht kämpfen, sie war einfach nur da, und das Schicksal hat kräftig die Kar-

ten gemischt. Vielleicht fragen Sie sich beim Lesen folgender Zeilen, ob so etwas überhaupt sein kann. Es kann!
Ich kenne diese Frauen sehr gut und weiß genau, daß sie keine Zauberformel im Ärmel haben und auch nicht mit überirdischen Kräften paktieren. Ich weiß aber, daß sie sich irgendwann einmal – und das in reifen Jahren – entschlossen haben zu leben: Und das ist das Rezept für ihr, für unser aller zufriedenes, erfolgreiches und glückliches Leben.
Zu jedem Beispiel gibt es Parallelen, und die werden sie an so manche Erfahrung erinnern, die Sie im Laufe Ihres Lebens gemacht haben. Sie werden auch in Gesprächsrunden noch so manches erfahren, und man kann nur staunen, wie interessant das Leben einer jeden von uns ist. Ich würde mich freuen, wenn Sie mich daran teilhaben ließen. Sie können mir schreiben oder mich anrufen.
Man ist an Erfahrungen nie reich genug, und die vielen Gespräche, die ich mit Frauen führe, haben mich schon manchmal an die Grenzen meines Erfahrungsschatzes gebracht. Kein Leben, kein Schicksal gleicht genau dem anderen – auch wenn sie sich oft ähneln. Aber da die Hauptakteure nie dieselben sind, können Ablauf und Ausgang nie vorausgesagt werden. Ist auch das Thema das gleiche, läuft aber doch die Handlung immer unterschiedlich ab. So sollte man sich auch davor hüten zu sagen: »Ich hätte das so oder so gemacht, aber ganz sicher nicht so.« Wir sind nicht die anderen, und die anderen sind nicht wir. Trotzdem haben in keinem Beispiel die Frauen einen Grund zur Panik gesehen, einen Grund, die Flinte ins Korn zu werfen und dem Leben den Rücken zu kehren, nur weil sie in der Mitte des Lebens stehen.

Die Bäuerin

Unweit meiner Heimatstadt lebte in einem malerischen Dörfchen eine zufriedene, dem Leben zugewandte Bauern-

familie. Fünf Kinder tobten im Stall und Hof, fuhren auf dem Traktor mit aufs Feld und halfen die Kühe auf die Weide treiben. Im Winter, zur Weihnachtszeit, duftete es verführerisch nach Anisbäckerei und Lebkuchengewürz. Die Bäuerin verstand sich nicht nur aufs Kühemelken und Schweine- und Hühnerfüttern, sie war darüber hinaus noch eine hervorragende Köchin und Bäckerin, und ich hatte mehrfach das Vergnügen, mich davon zu überzeugen.
Daß sie auch in der Küche stets ihre Kinderschar um sich versammelt hatte, war für sie selbstverständlich. Schließlich mußten Schulaufgaben beaufsichtigt werden, und den kleinen handarbeitenden Töchtern mußten Kreuzstiche gezeigt und heruntergefallene Maschen wieder aufgenommen werden. So ging ein Tag um den anderen, ein Jahr um das andere ins Land, ohne daß irgendwelche Schicksalsschläge den häuslichen Frieden gestört hätten.
Der Bauer war stolz auf seine Familie, auf den Hof, den er von seinem Vater ererbt hatte, auf das Feld, das er bestellte, das gesunde Vieh im Stall. Er war interessiert an allem, was nach Politik roch, machte sich Gedanken über das Fortkommen der Kleinbauern, zu denen er auch zählte, und riet seinen beiden Söhnen, neben der Landwirtschaft noch einen Beruf zu erlernen.
Mir gefiel die gesunde, realistische Einstellung dieses ordentlichen Mannes. Seine Frau blieb immer im Hintergrund, doch von dort aus hatte sie alles im fraulichen und mütterlichen Griff. Unauffällig und ruhig tat sie ganz selbstverständlich, was der Bauer von ihr erwartete, und strahlte dabei Zufriedenheit und das berühmte kleine Glück aus.
Eines Tages erreichte mich die Nachricht, daß der Bauer ganz plötzlich ins Krankenhaus eingeliefert worden war. Die Bäuerin sah sich einer völlig unerwarteten Situation gegenüber; die Verantwortung für Kinder, Haus und Hof, Stall und Vieh lastete auf ihr. Aber noch konnte sie sich mit ihrem Mann besprechen, ihn um Rat und Weisungen bitten.

Doch der Gesundheitszustand des Bauern verschlechterte sich rapide. Lungenkrebs hieß die tödliche Diagnose. Der Patient war ein starker Raucher. Von mir mehrmals darauf angesprochen, meinte er immer nur, daß er so viel Zeit in der frischen Luft verbringe, ihm würden die »paar Zigaretten« nicht schaden.
Nach nur vierzehn Tagen war die Bäuerin Witwe. Ich sehe sie noch heute am offenen Grab ihres Mannes stehen, noch kleiner als sonst, in sich zusammengesunken, tränenlos. Irgendwie konnte ich den Blick nicht von ihr wenden. Ich hatte ein unbeschreibliches Mitleid mit ihr und hoffte nur, daß sie nicht zusammenbrechen würde.
Aber nichts von alledem. Denn noch während der Pfarrer tröstende Worte an sie und die Trauergemeinde richtete, hob sie den Kopf, spannte den ganzen Körper, sie wuchs förmlich, und in diesem Augenblick mußte sie den ihr bevorstehenden Weg vor Augen gehabt haben, und sie hat ja gesagt zu diesem Weg. Es ging eine andere Frau vom Friedhof weg als jene, die zum Grab getreten war.
In den kommenden Tagen machte sie eine Rechnung auf über das, was weiter möglich war, und das, was von nun an nicht mehr gehen würde. So versorgte sie in einer beispiellosen Zähigkeit den Hof so gut sie konnte. Die Buben halfen ihr dabei, wenn sie abends nach Hause kamen. Sie sollten in jedem Fall ihre Lehre beenden, so wie der Vater es gewünscht hatte. Die drei Mädchen gingen noch zur Schule. Die Bäuerin – Ende vierzig – sah aber bald, daß sie aus dem Hof kein ausreichendes Einkommen mehr erwirtschaften konnte. Sorgen plagten sie bei Tag und Nacht. Zwischendurch haderte sie auch regelrecht mit dem Schicksal, und es fiel ihr zeitweise schwer, sich auch noch mit der finanziellen Notlage abzufinden. Sollte sie den Hof verkaufen? Sollte sie versuchen, eine Anstellung zu bekommen, um etwas dazuzuverdienen? Aber außer ihrer täglichen Arbeit als Bauersfrau konnte sie keine Berufsausbildung vorweisen.

Wie sollte es weitergehen? Die Kinder wollte sie nicht mit ihren Sorgen belasten – nicht jetzt. Sie wollte allein mit allem fertigwerden. Das hatte sie am offenen Grab ihrem Mann versprochen. Und daran wollte sie sich halten, koste es, was es wolle.

Der Plan, den sie sich dann zurechtlegte, sah folgendermaßen aus: Die Söhne gehen zu ihrem Arbeitsplatz. Sie besorgt die Stall- und Hausarbeit und rüstet die Mädchen für die Schule. Ja, und dann könnte sie doch stundenweise eine Arbeit übernehmen – irgend etwas, das sie nicht zu sehr anstrengt, ihr aber am Monatsende ein wenig ihre Kasse aufbessert. Das war die Idee, und die wollte sie so schnell wie möglich in die Tat umsetzen.

Wollte sie! Der Gang auf das Arbeitsamt war niederschmetternd. Sie war einfach zu alt. Zu alt für wen? Wofür? Sie ließ sich durch die höflichen Andeutungen nicht einschüchtern und schon gar nicht entmutigen. Sie ging zwar unverrichteter Dinge zurück auf ihren Hof, hatte aber schon einen neuen Gedanken im Kopf. Das Telefonbuch, die »Gelben Seiten«, sollten ihr helfen. Sie begann, sämtliche Firmen und Unternehmen anzurufen, von denen sie glaubte, dort könne sie Arbeit finden. Wie oft sie anrief, und wie lange sie sich bemühte, kann ich nicht sagen. Aber sie hatte Erfolg! Eines Tages besuchte sie mich und erzählte voller Begeisterung von ihrer neuen Tätigkeit. Sie war so glücklich, daß sie nicht aufgegeben hatte. Jahre hat sie das durchgestanden, sogar dann noch, als die Buben ihre Lehre beendet und die Mädchen längst die Schule verlassen hatten. So hat sie ihren Kindern den ererbten Hof erhalten können und einen großen Schatz an Lebenserfahrung erworben. Heute ist sie längst Großmutter. Auf die vergangenen Zeiten angesprochen, meint sie bescheiden und zurückhaltend: »Was hätte ich denn sonst machen sollen?«

Um die Weihnachtszeit duftet es noch immer nach Anis und Lebkuchen.

Die Dame gibt Sigrid ein Rezept in die Hand und hält ihre Geldbörse bereit, um die Rezeptgebühr zu bezahlen.
Die Apotheke ist von mehreren Kunden bevölkert, und Sigrid freut sich, daß alles so gut läuft.
Ihr ging es nicht immer so gut, und wenn sie in den wenigen Mußeminuten einmal zurückdenkt, dann geht es ihr fast wie dem Reiter über den Bodensee. Im nachhinein bekommt sie noch Angstgefühle, aber sie hat es geschafft, hat es geschafft, ohne Hilfe ihres Geschiedenen, der ihr jegliche Unterstützung versagte. Sie wollte auch nicht, wollte nicht einmal das, was ihr von Rechts wegen zustand. Was sie wollte, war die Freiheit, die Unabhängigkeit, und die hat sie sich erkämpft und erarbeitet – bis hin zur eigenen Apotheke.
»Dieses Medikament muß ich Ihnen erst noch zusammenstellen. Können Sie einen Augenblick warten oder möchten Sie in der Zwischenzeit eine Besorgung machen?«
Sigrid hat alle Hände voll zu tun. Ihre PTA-Auszubildende hat heute Unterricht, und da geht es schon ein wenig heiß her. Die Kundin möchte lieber warten, setzt sich auf einen der gemütlichen Hocker und vertieft sich in eine Zeitschrift.
Sigrid ist eine gute Bekannte von mir. Sie wurde fast zur gleichen Zeit geschieden wie ich. Wir sind jahrgangsgleich.
Sie hat eine richtige Odyssee hinter sich, was die Trennung von ihrem Mann angeht. Dieser war nicht in der Lage, mit Anstand und Achtung vor dem anderen die Sache zu beenden. Er mußte vielmehr billige und unwürdige Anschuldigungen über die Arme ausschütten, und das in böser Folge. Ich konnte das damals nicht begreifen. Meine Scheidung ging – wenn man die einer jeden Scheidung innewohnende Tragik einmal außer acht läßt, mit gegenseitiger Achtung und ohne jegliche Schuldzuweisung über die Bühne.
Also, ich war sprachlos – konnte aber überhaupt nicht helfen. Außerdem hörte ich meistens von den immer wieder

neuen Gemeinheiten nur über Sigrids Eltern, denen ich freundschaftlich verbunden war. Heute noch immer verbindet mich eine innige Zuneigung zu ihrer Mutter.
Sigrid arbeitete sich durch jeglichen Wust durch. Sie kämpfte nicht nur für sich, sondern auch für ihren Sohn. Endlich hatte sie das Gröbste hinter sich. Sie war geschieden. Und so konnte sie neu beginnen. Als Apothekerin konnte sie in ihrem erlernten Beruf bald eine Anstellung bekommen. Sie arbeitete hart, machte zahllose Überstunden, um so viel Urlaub zusammenzuhaben, daß sie die Ferien mit ihrem Sohn verbringen konnte. Sie sparte und arbeitete, arbeitete und sparte. Sie suchte ein gutgeführtes Internat für ihren Jungen aus, denn sie wollte das Kind nicht sich selbst überlassen, obwohl es viel bei den Großeltern sein konnte. Auch dies wollte finanziert sein, denn von der väterlichen Seite kam auch für den Jungen nicht viel. Er hatte längst andere Interessen, und die Mutter seines Sohnes konnte sehen, wo sie blieb.
Und sie sah mit Bedacht und Verstand, wo sie blieb. Jahrelang arbeitete sie als angestellte Apothekerin, bis sich ihr die Möglichkeit bot, eine eigene Apotheke zu kaufen. Sie wagte den Sprung in die Selbständigkeit mit 48 Jahren auf dem Buckel, aber viel Mut zum Risiko. Der Sohn ist heute ein blendend aussehender junger Mann, der studiert und nebenher seiner großen Leidenschaft frönt: der Malerei. Sigrid hat es in jeder Beziehung geschafft. Sie ist erfolgreiche Geschäftsfrau und hat ihrem Kind ein gutes Rüstzeug mit auf den Weg gegeben.
Der Vollständigkeit halber soll nicht unerwähnt bleiben, daß sie seit kurzem auch wieder glückliche Ehefrau ist. 51-jährig hat sie auch dieses Wagnis nicht gescheut und hat sich noch einmal auf einen Partner besonnen, mit dem sie ihre reifen Jahre verbringen möchte.

Die Elternsprecherin

Ein völlig anders Betätigungsfeld hat sich meine Freundin Doris ausgewählt. Sie macht sich zum Sprecher und Anwalt für Schüler. Seit einigen Jahren ist sie aktiv im Elternbeirat tätig und setzt ihre ganze Persönlichkeit ein, wo es gilt, für junge Menschen bestmögliche Verhältnisse zu schaffen, um den Weg ins Leben gehen zu können. Auch sie ist genauso alt wie ich und hat zwei Kinder, die sie relativ spät bekam. So konnte sie als reifere Mutter und verantwortungsvolle Erzieherin ihrer Kinder mit viel Weitblick ihre Anliegen erst im Elternbeirat im regionalen Bereich in Wort, Tat und Schrift bringen und mit großer Leidenschaft verfechten. Bald spürten die Verantwortlichen, daß sie hier eine einsatzbereite, kluge, einfallsreiche Mitstreiterin gefunden hatten. Sie wurde in die vorderste Front der Elternbeiräte gewählt und ist heute Landeselternbeiratsvorsitzende.

Die Lehrerin

Die älteste Schwester meines Mannes – ebenfalls mein Jahrgang – hat das gleiche Schicksal durchlebt, wie Sigrid, von der eingangs die Rede war. Sie hat nach der Scheidung sogar noch einmal die Schulbank gedrückt, denn sie hatte es sich in den hübschen Kopf gesetzt, nicht tatenlos herumzusitzen. Getrennt hatte sie sich von ihrem Mann, weil mit ihm kein wirklich gemeinsames Leben möglich war. Trotz aller negativen Prophezeiungen ihres Exehemannes hat sie vom ersten Augenblick des Allein-Lebens für sich selbst sorgen können. Ein Leben in Freiheit mit der Möglichkeit, ihre Freude an der Musik weiter zu geben, war das Wichtigste für sie. Dazu kam der gute Kontakt zu ihren Töchtern, den sie aus ihrem Leben nicht wegdenken kann. Trotzdem war es nicht leicht für sie, zumal die Töchter noch schulpflichtig

waren, aber sie erreichte ihr Ziel und ist heute als Musiklehrerin an einer Schule in Bayern tätig.
Sie lebt im Gegensatz zu den beiden eingangs vorgestellten Fällen allein und ohne männlichen Beistand, hat eine gemütliche, sehr geschmackvoll eingerichtete kleine Wohnung und gibt dort auch Klavierstunden, wenn sie nicht in der Schule unterrichtet.

Die Hausfrau

Meine Freundin Astrid, sie ist zwei Jahre älter als ich, hat in ihren reifen Frauenjahren noch einmal ganz von vorn anfangen müssen. Fünf Kinder hat sie geboren und großgezogen, die ihr und ihrem Mann nicht mehr und nicht weniger Freuden und Sorgen gemacht haben wie alle anderen Kinder auch. Ein flüchtiger Beobachter konnte damals freilich den Eindruck gewinnen, wahre Musterkinder vor sich zu haben. Besonders ihre älteste Tochter war ein Vorbild an Wohlerzogenheit und Lerneifer, und ich habe meinen Kindern dieses Mädchen immer wieder als Beispiel vor Augen geführt, wenn sie es mir gar zu arg trieben. Also, diese junge Dame kam in die Jahre, in denen man auch mal etwas anderes sehen möchte als nur die vertrauten Gesichter der Eltern und Geschwister. Sie machte sich auf, die große Welt zu erobern, kam dabei nicht in die besten Kreise und machte Bekanntschaft mit Rauschgift. Die besorgten Eltern wußten bald nicht mehr, wo sich ihre Tochter aufhielt, und meine Freundin ließ nichts unversucht, ihr Kind wieder nach Hause holen zu können. Sie suchte sie in fast ganz Europa, bis sie sie endlich – völlig am Ende – in einer deutschen Großstadt wiederfand, und auch das nur mit Hilfe der Polizei. So war dieser Leidensweg ausgestanden, wenigstens vorläufig. Die Tochter war, ohne Vorhaltungen zu bekommen, in die Familie zurückgekehrt, und die Eltern ließen es ihr an nichts fehlen, als ob nichts geschehen wäre. So war es dann möglich, daß die junge Dame das Abitur nachholte – sie war ja praktisch von der Schulbank aus davongelaufen – und sie konnte auch dann ein Studium beginnen.

Bald fanden sich wie von selbst die Freier ein – man war hübsch und keinesfalls langweilig, konnte etwas erzählen, man hatte den Kommilitonen etwas voraus, etwas erlebt. Heiratsgedanken wurden gesponnen, der jugendliche Bewerber war ebenfalls aus gutem Hause, die Eltern beiderseits waren zufrieden. Das Studium wurde abgebrochen, sowohl von ihm als auch von ihr, was den Eltern von hüben und drüben zwar nicht gefiel, aber akzeptiert werden mußte, denn die jungen Leute waren schließlich großjährig.

Es wurde eine rauschende Hochzeit gefeiert. Ein schönes Paar, hörte man allenthalben, und die Hochzeitsgäste waren entzückt. Das erste Kind kündigte sich auch bald an, und da der junge Ehemann sich zu Höherem berufen fühlte – er liebte die Musik – spielte er in einer Tanzkapelle und war entsprechend selten zu Hause. Die junge Frau freute sich auf ihr Kind, zwei kleine Mädchen wurden geboren. Großer Jubel allenthalben.

Aber es fing jetzt schon an, in der jungen Ehe zu kriseln, was meine Freundin mit großer Sorge beobachtete. Sie versuchte ihrer Tochter klarzumachen, daß sie sich bemühen müsse, mehr mit ihrem Mann unterwegs zu sein. Sie wollte unterdessen auf die Kleinen aufpassen.

Der Rat wurde in die Tat umgesetzt. Die junge Frau reiste dann viel mit der Band durch die Lande, spürte aber bald, daß sie eher als störend empfunden wurde. Denn ihr Mann, der Vater ihrer kleinen Töchter, flirtete, was das Zeug hielt, mit allem, was jung, weiblich und keß war.

Meine Freundin holte die verzweifelte Tochter zurück, die unterdessen wieder schwanger war, um sie nicht länger der Belastung durch einen untreuen Ehemann ausgesetzt zu wissen. Dem jungen Ehemann schien dies wenig auszuma-

chen. Er hatte nämlich nicht nur seine Frau geschwängert, sondern gleichzeitig noch zwei weitere junge Frauen.
In der Familie meiner Freundin wurde dann bald das dritte Enkelkind, ein kleiner Junge, geboren. Der Vater ließ sich noch einmal kurz blicken und verschwand dann auf Nimmerwiedersehen.
Dieser seelischen und körperlichen Belastung war die junge Mutter nicht gewachsen. Sie verfiel ins Grübeln und in Lethargie. Meine Freundin, damals 42, sah sich einer Situation gegenüber, über die sie gar nicht nachzudenken wagte: Sie wurde praktisch noch einmal »Mutter« dreier kleiner Kinder und versorgte nicht nur sie, sondern die mit dem Leben nicht fertiggewordene Tochter mit aller Liebe und Zuwendung, immer in der Hoffnung, daß sich das Blatt wieder wenden würde. Aber es wendete sich nicht.
So wuchsen die Kinder heran. Kindergarten, Einschulung, Erstkommunion – alles das waren Angelegenheiten und Feste der Großeltern, insbesondere der Großmutter.
Und gerade diese schwer belastete Frau ist der lebensbejahendste Mensch, den ich kenne. Mit einer beispiellosen Fröhlichkeit meistert sie ihre Aufgaben, obwohl ihre Gesundheit angegriffen ist. Sie nimmt sich aber jeden Morgen die Zeit, im nahegelegenen Hallenbad ein paar Runden zu schwimmen, wenn der Ehemann in der Firma ist und die Enkelkinder die Schulbank drücken.
Wenn ich mit ihr telefoniere – wir wohnen leider sehr weit auseinander – und sie nach ihrem Befinden frage, dann höre ich ihre muntere Stimme: »Eigentlich müßte es mir schlechtgehen, aber ich lasse es mir gutgehen. Die Arbeit und die Sorgen werden durch Jammern nicht geringer.«
So passiert es auch nicht selten, daß unsere Telefongespräche von herzlichem Lachen unterbrochen werden. Wir bestärken uns gegenseitig in dem Bewußtsein, daß wir nur einmal leben und daß wir diese Tatsache nie aus den Augen verlieren werden.

Angesichts ihrer Situation ist ihre bravouröse Haltung geradezu eine Meisterleistung an Lebensakrobatik. Denn die Aussichten sind alles andere als rosig. An ihrer Tochter, also an der Mutter der Kinder, hat sie keinerlei Hilfe, sie ist eher eine zusätzliche Belastung. Die Eltern des verschwundenen Vaters, die finanziell ungleich besser gestellt sind, kümmern sich ebensowenig wie dieser um die Kinder. So kommt auf die dem Rentenalter zusteuernden Großeltern mit jedem Tag eine finanzielle Mehrbelastung zu, die im Augenblick noch gar nicht abzusehen ist.
Aber meine Freundin Astrid verliert niemals den Mut. Sie hat sich vorgenommen, ihrer kranken Tochter und deren Kindern eine Heimat zu erhalten, so lange sie lebt, und sie hat sich auch vorgenommen, ihnen diese Heimat mit Wärme und gleichbleibender Liebe zu verschönen. Ich wünsche ihr und allen, die ihr dabei helfen – ihrem Mann und den vier anderen Kindern – daß ihnen das immer gelingen möge.

Die Krankenschwester

Ganz anders, aber nicht weniger schwer und belastend, verlief das Geschick einer Freundin: Zehn Jahre älter als ich, sah sie sich in den Jahren, als sie um die Fünfzig war, plötzlich einer völlig neuen Situation gegenüber, die sie meistern mußte. Schon in jungen Jahren hatte sie es vorgezogen, ihr Leben allein zu bestehen und nicht zu heiraten. Sie wollte immer und jederzeit einsatzbereit sein, wenn es galt, anderen zur Seite zu stehen, eine Art Feuerwehr der Nächstenliebe zu sein.
So ließ sie sich zunächst zur Krankenschwester ausbilden, dann beschäftigte sie sich intensiv mit der Altenpflege, kümmerte sich um Drogensüchtige und betreute ehemalige weibliche Häftlinge. Sie war Bewährungshelfer im wahrsten

Sinne des Wortes und hat mit einer Freundin zusammen eines der ersten Frauenhäuser gegründet, das sie aber aus finanziellen Gründen nicht erhalten konnte.
Eines Tages aber konnte sie das viele Elend, das ständige hautnahe Erleben der Schattenseiten des Lebens nicht mehr ertragen. Sie sah, daß sie zwar half, daß es aber nichts half und daß die armen Menschen nicht aus ihrem Milieu zu befreien waren. Ja sie mußte sogar feststellen, daß man sie ausnutzte und ihre Hilfe als Sprungbrett benutzt wurde für neue zwielichtige Unternehmungen. Das gipfelte dann darin, daß sie mit hineingezogen wurde in eine üble Betrugsaffäre, die einer ihrer Schützlinge zu verantworten hatte. Sie verstand die Welt nicht mehr. Sie hatte helfen wollen, und es wurde eine Katastrophe daraus.
Das war für sie der Punkt, an dem sie entweder eine Kehrtwendung machen oder bis zum bitteren Ende mitgehen mußte.
Sie zog die Kehrtwendung vor, übersiedelte in eine andere Stadt und machte sich – 54jährig – daran, eine neue Existenz aufzubauen. Sie besuchte Sprachkurse, lernte mit Computern umgehen und erwarb kaufmännische Kenntnisse. Sie legte Examina ab, die so hervorragend waren, daß sie trotz ihres Alters eine begehrte Position bekam.
So begann für sie ein Leben, das zwar auch viel Arbeit und Einsatz verlangte, ihr aber in finanzieller Hinsicht die Möglichkeit bot zu leben, wie sie es bisher nicht gekannt hatte. Sie besaß ein Auto, konnte sich herrliche Urlaubsflugreisen leisten, teure Kleider und die Restaurants, in denen sie gelegentlich mit Kollegen speiste, trugen nicht selten die begehrten Michelin-Sterne.
Knapp zehn Jahre dauerte dieses Kontrastprogramm zu ihrem früheren Leben, und sie stand kurz vor ihrer Pensionierung, als etwas Merkwürdiges in ihr so angenehmes Leben trat: Als sie eines abends mit dem Taxi nach Hause gebracht wurde – sie fuhr nie selbst, wenn sie auch nur einen

Schluck Alkohol getrunken hatte – lag unweit ihres Hauseingangs ein Bündel halb auf dem Bürgersteig, halb auf der Straße. Das »Bündel« entpuppte sich als volltrunkener, hilfloser Mensch.
Es war für sie ein Schlüsselerlebnis. Sofort bat sie den Fahrer, ihr zu helfen, und brachte die elende Gestalt in die Bahnhofsmission. Daraufhin gab es für sie kein Halten mehr. Nach ihrer Berufstätigkeit – sie wollte, bis sie aus Altersgründen ausschied, weiter ihrer Arbeit nachgehen – kümmerte sie sich wieder um die Elendsten der Elenden, um die Ärmsten der Armen, um die Verkommensten der Verkommenen.
Eines Tages erfuhr ich von einem gemeinsamen Bekannten, daß sie sehr krank sei. Sie leide unter Leukämie, so sagte man mir. Ich versuchte sie aufzustöbern. Es war nicht leicht, denn sie hatte, als sie von ihrer Heimatstadt fortzog, jeglichen Kontakt zu ihren alten Bekannten und Freunden abgebrochen, wollte mit ihrem »alten« Leben nichts mehr zu tun haben. Aber ich habe sie aufgestöbert. Es ging ihr damals schon sehr schlecht, aber ich hatte wieder die alte Freundin vor mir, voller Idealismus und voller Selbstlosigkeit. Ich weiß nicht mehr genau, wie lange sie noch im Dienst am Nächsten arbeiten konnte. Ihr Gesundheitszustand wurde bedenklich, und ich erinnere mich noch ganz genau an unser letztes Telefongespräch, in dem sie mir wörtlich sagte: »Ich habe zwei wunderbare Leben gelebt. Zum einen bin ich zurückgekehrt, und ich weiß heute, daß das mein eigentliches Leben ist. Nächste Woche werde ich für ein paar Tage ins Krankenhaus gehen, irgend etwas stimmt mit mir nicht. Danach werde ich dann im St. Elisabeth-Haus arbeiten. Da wartet eine Menge Arbeit auf mich. Du weißt ja, dort werden alkoholkranke Frauen betreut.«
Sie konnte diese Aufgabe nicht mehr wahrnehmen. Das Krankenhaus hat sie nicht mehr lebend verlassen.
Sie sollen jetzt aber nicht denken, daß ich ihnen eine trauri-

ge Geschichte erzählen wollte. Im Gegenteil, ich wollte Ihnen berichten von einem interessanten Leben, das viele Höhepunkte aufzuweisen hatte. Ihnen erzählen, was Frauen in unseren Jahren leisten und unternehmen können.
Ich denke oft an diese Freundin zurück, und ich habe heute den Eindruck, daß ich so manches in ihrem Leben nicht recht verstand. Nur eines weiß ich genau! Sie hat gelebt – anders zwar, als ich es mir als Frau, Mutter, Geliebte vorstellen kann, aber sie hat das Leben mit Sicherheit genauso intensiv ausgekostet wie ich.

Meine Freundin

Wir gingen schon zusammen in die Schule, heirateten fast gleichzeitig und beide viel zu jung, und obwohl wir dreimal zusammen schwanger waren, schafften wir es doch nie, einmal gleichzeitig im Wochenbett zu liegen. Die vierte Schwangerschaft mußte sie dann ohne mich durchstehen. Aber es war eine herzliche Freundschaft zwischen uns beiden, die bis zum heutigen Tag anhält.
Ihre Ehe war nicht gerade schlecht, aber auch nicht übertrieben beglückend, nur Geld, Geld hatte sie immer und reichlich zur Verfügung.
Unsere Kinder wurden größer, kamen zur Schule. Sie hatte immer noch viel Geld. Als sie mir eines Tages sagte, sie werde das Gefühl nicht los, irgendwann einmal steinreich oder bettelarm zu sein, wußte ich nicht, was ich mit dieser Äußerung anfangen sollte.
Eigentlich wußte ich nie so recht, womit ihr Mann das viele Geld verdiente. Es ging mich auch nichts an, wir hatten andere Probleme zu besprechen. Ich wußte nur, daß der Mann meiner Freundin spielte. Und das im großen Stil und mit Leidenschaft. Er war bekannt in allen deutschen und einigen ausländischen Spielbanken, und das war es wohl, was

meine Freundin zu dieser merkwürdigen Äußerung veranlaßte.
Es fiel mir auch auf, daß sie mit einem Mal nicht mehr so viel Ruhe ausstrahlte wie sonst, dabei waren Ruhe und Unerschütterlichkeit sonst ihre herausragenden Eigenschaften. Als sie mich eines Tages anrief und weinend am Telefon erzählte, daß die Kripo in ihrem Haus gewesen sei, packte mich große Furcht, und ich verabredete mich gleich mit ihr. Solche Dinge kann man schließlich nicht am Telefon besprechen.
Ich traf mich also mit ihr, und was ich da hörte, verschlug mir den Atem: Ihr Mann war dermaßen der Spielleidenschaft verfallen, daß ihm in den letzten Jahren jedes Mittel recht gewesen war, zu Geld zu kommen. Nachdem er große Summen verspielt hatte, ließ ihn meine Freundin an allen deutschen Spielbanken sperren. Das nützte allerdings nicht viel. Er bestach die maßgebenden Leute, spielte weiter, verlor weiter. Sein üppiges Einkommen reichte bald nicht mehr aus. Es wurden Wechsel gefälscht, Betrügereien begangen. Die Katastrophe konnte nicht ausbleiben. Die Kripo kam, und meine Freundin mußte mit ansehen, wie ihr Haus auf den Kopf gestellt und ihr Mann abgeführt wurde. Es kam natürlich zum Prozeß und zur Verurteilung, zu einer längeren Haftstrafe.
So schrecklich das alles für meine Freundin war – vollends fassungslos reagierte sie erst auf die Tatsache, daß man ihr zunächst nicht glaubte, sie habe von alledem nichts gewußt. Nicht genug damit: Man unterstellte ihr sogar, sie hätte doch sicher längst ihr Schäfchen im Trockenen und ein üppiges Konto in der Schweiz. Das brachte sie fast um den Verstand. Wie konnte sie ihre Ahnungslosigkeit und damit ihre Unschuld beweisen?
Nun, nachdem man ihr partout nichts nachweisen konnte, ließen die Justizbehörden schließlich von ihr ab.
Aber wie sollte sie sich nun ihren Buben gegenüber verhal-

ten? Die beiden Älteren mußten mit der Wahrheit leben. Die kleineren Jungen glaubten ihren Vater einfach auf Geschäftsreise. So konnte sie wenigstens die jüngeren Kinder vor dieser schrecklichen Gewissensnot und unbeschreiblichen Schande bewahren – zunächst jedenfalls.
Finanziell freilich stand die Familie vor dem Nichts. Das Haus war gepfändet – sie mußte mit ihren Kindern ausziehen – ebenso alle Wertgegenstände. Sie war über Nacht absolut mittellos, heimatlos und für viele auch noch ehrlos. Irgend etwas mußte geschehen! Aber dank ihrer hervorragenden Charaktereigenschaften geriet sie selbst in dieser Lage nicht in Panik. Während der langen Gespräche, die wir führten – wir beratschlagten und erwogen alle Möglichkeiten – lernte ich sie immer noch besser kennen, und meine Hochachtung vor dieser Frau, die am Abgrund ihres Lebens stand und nicht verzweifelte, nicht verzagte oder ein Jammergeschrei anstimmte, stieg ins Unermeßliche.
Sie war sich der Situation in jedem Augenblick bewußt. Sie wußte, daß sie jetzt Tapferkeit beweisen und einen kühlen Kopf bewahren mußte. Sie mußte ihren Kindern einen neuen Mittelpunkt schaffen, eine neue Heimat gründen.
Sie zog in ein winziges Hinterhäuschen. Das war einstweilen ihre Bleibe und auch der Ort, an dem sie Ruhe fand vor Neugierigen, vor Gaffern, vor Schadenfrohen. Ihre Eltern lebten damals am gleichen Ort und haben ihre Tochter mit allen ihnen zur Verfügung stehenden Mitteln unterstützt. Freunde erwiesen sich als Freunde und kehrten ihr keineswegs den Rücken, im Gegenteil. Trotzdem konnte es so nicht weitergehen. Das wußte sie. Sie konnte nicht auf längere Zeit nur von der Hilfe ihrer Eltern oder der Freunde leben. Sie konnte nicht, und sie wollte auch nicht.
Sie erwog, als Nachtwache in ein Altenheim zu gehen. Dann konnte sie tagsüber ihren Mutterpflichten nachkommen und die Hausarbeit erledigen. Das kleine Haus machte ihr keine großen Schwierigkeiten. Hoffentlich blieb sie gesund.

Aber in dieser Tätigkeit verdiente sie nicht genug, um die große Familie durchzubringen.
Eines Tages bot sich ihr plötzlich die Möglichkeit, ein Ausflugslokal zu pachten. Da sah sie eine Chance für sich. Also wurde der Familienrat zusammengetrommelt, die Finanzierung besprochen. Da waren ein Bruder und ein Schwager, die ihr zu dieser Sache sehr rieten und sie auch unterstützen wollten.
Sie wagte den Sprung ins kalte Wasser, ohne auch nur die geringsten Kenntnisse über Gastronomie zu besitzen. Mir war, als müßte ich ununterbrochen alle Daumen halten, und ich wünschte ihr insgeheim und auch ganz offen alles Glück und guten Erfolg.
Ihre tüchtige Mutter stand in der Küche und zauberte für die immer zahlreicher herbeiströmenden Gäste die köstlichsten kleinen Gerichte, und meine Freundin mauserte sich zu einer cleveren Wirtin und söhnte sich so ganz allmählich wieder etwas mit ihrem Schicksal aus.
Da kam aber auch schon der nächste Schlag. Man verweigerte ihr die Scheidung von ihrem noch immer einsitzenden Mann. Behördengänge, in dem Fall Bittgänge, wurden von den Sitzungen bei den Anwälten abgelöst. Es war zum Verzweifeln. Schließlich schaffte sie es dann doch. Sie war erleichtert – bis zu dem Zeitpunkt, als sie erfuhr, daß ihr Mann Freigänger sei. Wie sollte sie diesem Mann, der sie ins Unheil gebracht und ihre Jungen womöglich auf Lebenszeit gebrandmarkt hatte, begegnen? Sie wollte ihre Söhne vor ihm schützen. Er sollte keine Gelegenheit bekommen, sie zu beeinflussen.
So lebte sie in ständiger Angst. Täglich erzählte sie mir davon, und ich hatte den Eindruck, als belaste sie diese Angst mehr als alle bisherigen Schicksalsschläge. Aber ihr Alltag lief weiter, die Gäste waren zufrieden, und man zeigte allenthalben Achtung vor dieser tapferen Frau.
Ihre Söhne machten ihr keine größeren Schwierigkeiten. Sie

waren ganz normale Kinder, die ihrer Mutter eben ab und zu auch den Schlaf raubten. Sie nahm all das sehr gelassen und war zufrieden, wenn keine allzugroßen Ausrutscher vorkamen. Sie schuftete in der Gaststätte, rechnete und kalkulierte – stets mit der Angst im Nacken, daß plötzlich der in der Tür stehen könnte, den sie nicht wiedersehen wollte. Er ist auch nie gekommen.
An einem Nachmittag, ich saß gerade im Wohnzimmer, rief sie mich an, nannte zunächst nur meinen Namen, verstummte wieder. Ich spürte, daß sie weinte – übrigens das erste Mal, daß ich sie weinend antraf. Ich nannte meinerseits ihren Namen und wollte vorsichtig wissen, was passiert sei.
»Helmut ist tot«, preßte sie heraus. Sie weine auch nicht aus Trauer, sondern weil ihr die Nerven den Dienst versagten. Ich tröstete sie und sagte ihr, daß diese Wendung ihr nur Erleichterung bringen könne. Sie wußte das, aber trotzdem war sie erschüttert – erschüttert über eine Wendung, die sie vielleicht heimlich, unbewußt, herbeigebetet hatte.
Das Leben ging natürlich weiter. Die Jungens wurden erwachsen, stehen längst im Berufsleben, sind stolze Väter. Und was hatte das Schicksal für meine Freundin an Erfreulichem zu bieten?
Wir gehen zurück zu der gemütlichen Ausflugsgaststätte. Meine Freundin, eine aparte, großgewachsene Frau Ende vierzig ist eine Wirtin, als wäre sie nie etwas anderes gewesen. Trotz aller Schicksalsschläge, aller Sorgen und Ängste, sah sie immer aus, als käme sie geradewegs von einer Schönheitsfarm. Sie hat alles im Griff und übersieht die Lage auch zu vorgerückter Stunde.
Ein sympathischer Gast war ihr schon seit Wochen aufgefallen, und sie fragte sich, was ihn wohl an ihrem Lokal so fesselte. Daß sie es war, die ihn faszinierte, merkte sie erst, als dieser Herr sie eines Abends ansprach. Nur wenig später bat sie mich um einen Rat: ich sollte ihr sagen, ob sie noch

einmal heiraten solle. Sie wollte mir den Kandidaten vorstellen.
Ich freute mich unsagbar für sie. Dabei erfuhr ich dann Genaueres über den Zukünftigen. Er war einige Jahre älter, Pensionär und gutsituiert. Und ich stellte vor allem fest, daß er außerordentlich sympathisch war.
»Überlege es dir keine Minute«, riet ich ihr. »Der Mann meint es ernst, und du hast wieder ein Heim, ein Zuhause, das zu dir und deinen Söhnen paßt.«
Ich war begeistert, und sie heirateten.
Aber das absolute Glück gibt es nicht, und so stellten sich auch nach kurzer Zeit neue Sorgen für meine Freundin ein: Ihr Mann ist schwer erkrankt. Mit einer unglaublichen Liebe und Fürsorge pflegt sie ihn, ist nur für ihn da und will das so halten, so lange sie kann. In ein Pflegeheim möchte sie ihn nicht geben.
Aber wenn Sie sie sprechen könnten oder sähen, sie wären verblüfft über die Heiterkeit und Gelassenheit, die noch immer von dieser Frau ausgeht. Sie hat nichts von einer Mater dolorosa. Was immer sie anpackt, ist von einem positiven Gedanken begleitet.

Epilog

Wir haben die reife Frau in den mannigfachsten Situationen erlebt. Wir wissen nun, daß sie kämpfen und durchhalten kann. Wir haben sie weinen und lachen sehen.
Waren mit ihr traurig und glücklich,
belastet und froh,
wütend und gelassen,
eingeengt und befreit.
Wir haben uns mit ihr verliebt, und ihre Fähigkeit zu lieben machte uns stolz.
Ihre Niederlagen und Erfolge haben wir miterlebt,
wir waren mit ihr enttäuscht und hofften mit ihr.
Vertraut sind uns ihre Sehnsüchte und Träume,
ihre Ängste, die sie überwinden lernte,
ihre Sorgen, die wir zu den unseren machten, weil sie die unseren sind.

Vor allem aber haben wir erfahren, daß ihr ein Füllhorn an Talenten zur Verfügung steht, das Leben nicht nur zu meistern, sondern es zu lieben. Einen Grund zur Panik – den gibt es für uns nicht.

Danksagung

Danken möchte ich

Herrn Dr. med. Ludwig Gniadek, Weikersheim, der mich zu Beginn dieses Buches als erster in die Geheimnisse der biologischen Abläufe in einem klimakterischen Frauenkörper einweihte.

Herrn Prof. Dr. med. Christian Lauritzen, Ulm, der mir bereitwillig sein Anliegen um die reife Frau vermittelte, mir das für dieses Buch so wichtige Interview gab und darüber hinaus seine Persönlichkeit in das Vorwort legte und somit den Lesern den richtigen Einstieg zu »Kein Grund zur Panik« gibt.

Herrn Prof. Dr. med. Bodo Terhorst, Bad Mergentheim, der ebenso wie die anderen Ärzte, mir seine kostbare Zeit schenkte und mit mir über die »reifen Männer« sprach. Seine Kenntnis über das »Klimakterium virile« und sein Interesse an allen damit zusammenhängenden Problemen waren für mich ausschlaggebend, ihn zu diesem Thema zu befragen.

Danken möchte ich auch Herrn Dr. med. Paris Alexander, München, der mir von der hohen Kunst der plastischen Chirurgie erzählte und mir Gelegenheit gab, ihm bei seiner Arbeit über die Schulter zu schauen.

Auch möchte ich jenen Frauen danken, die sich mit mir unterhielten und ohne Umschweife von ihren Ängsten und

Sorgen berichteten. Jenen Männern, die den Mut hatten, vorbehaltlos, offen und interessiert mit mir zu sprechen, ganz besonders einem Freund.

Ohne sie alle hätte dieses Buch nicht geschrieben werden können.

